学校跳绳运动探索与实践

李晓宇 ◎ 著

電子工業出版社
Publishing House of Electronics Industry
北京 · BEIJING

内容简介

带领“云荟跳绳队”参加两届跳绳世界杯并获得118块金牌的总教练李晓宇老师，一书讲透竞速跳绳和花式跳绳，并拍摄了99段教学演示视频供读者免费观看学习。30个跳绳游戏也让跳绳更有趣。

本书适合所有想学跳绳的人，尤其适合小学生。

图书在版编目（CIP）数据

学校跳绳运动探索与实践 / 李晓宇著．—北京：电子工业出版社，2024.5

ISBN 978-7-121-47678-5

Ⅰ．①学…　Ⅱ．①李…　Ⅲ．①跳绳—基本知识　Ⅳ．① G898.1

中国国家版本馆 CIP 数据核字（2024）第 075584 号

责任编辑：吴　源　　特约编辑：陈　燕
印　　刷：三河市君旺印务有限公司
装　　订：三河市君旺印务有限公司
出版发行：电子工业出版社
　　　　　北京市海淀区万寿路 173 信箱　　邮编：100036
开　　本：720×1000　1/16　印张：14.75　字数：218 千字
版　　次：2024 年 5 月第 1 版
印　　次：2025 年 1 月第 2 次印刷
定　　价：88.00 元

凡所购买电子工业出版社图书有缺损问题，请向购买书店调换。若书店售缺，请与本社发行部联系，联系及邮购电话：（010）88254888，88258888。

质量投诉请发邮件至zlts@phei.com.cn，盗版侵权举报请发邮件至dbqq@phei.com.cn。

本书咨询联系方式：（010）88254440。

校长寄语：

小小的跳绳，大大的梦想。

跳出精彩，跳向未来！

序
PREFACE

提到跳绳运动，大家都不陌生。跳绳运动历史悠久，因简单易学、成本低廉、健身效果显著等特点，深受广大人民群众喜爱，在全球各地都有着深厚的文化渊源和独特的传统。

在我国，教育部印发的《国家学生体质健康标准（2014年修订）》规定的小学生体质健康监测指标之一就有跳绳运动，跳绳是小学生必测运动项目。有些省份多年前已经把跳绳项目列入体育中考选考项目，跳绳在中小学校体育教学中发挥着重要作用。

在教育部印发的《义务教育体育与健康课程标准（2022年版）》中，花样跳绳作为新兴体育类运动项目中的时尚运动类项目，被列为专项运动技能训练项目，这进一步引起了各级学校和教育工作者的重视。然而，与跳绳运动广受重视和日益普及相比，目前国内关于跳绳运动的专业书籍却不多见。《学校跳绳运动探索与实践》一书的出版，为跳绳运动在广大学校推广和训练提供了指导和实践案例，对于解决当前跳绳项目教学与训练资料缺乏这一问题提供了有力支持。

本书旨在帮助教育工作者和学生更好地理解跳绳运动，并将其有效地融入到体育教学中，以有效提升学生的身体素质和综合素养。全书由五个部分组成，系统阐述了跳绳运动在小学教学中的实施方法与实践指导策略。

第一部分讨论跳绳特色项目在小学阶段的实践背景和实施方法，提出了具体的推广建议，有助于教育工作者理解跳绳运动的价值，并探索适合自己学校的实施策略。

第二部分详细介绍了竞速跳绳的训练方法和比赛项目，这些内容对于想要提高竞技水平的学校和个人都非常有帮助。

第三部分针对不同年龄段的学生设计了花样跳绳练习动作，不仅考虑了学生的学习能力和身体发育特点，还注重趣味性和实用性，有利于激发学生的学习兴趣和创新能力。

第四部分跳绳游戏开发，提供了30例实用的跳绳游戏，这些游戏可以在课堂教学和特色项目训练中使用，增加运动的趣味性，提高学生参与度。

第五部分附录中，跳绳优秀校本课程活动方案，可供其他学校开展跳绳特色项目时参考。

对体育技能的学习掌握，需要在实践中不断完善和提高，这是体育教学中一个非常重要的原则，对于推广和深化跳绳教学具有重要意义。本书很好地贯彻了这一原则。

本书作者李晓宇老师是广州市黄埔区东荟花园小学体育教师、校长，也是学校跳绳特色和体育工作的领导者、推动者、组织者。他十几年如一日扎根基础教育，用一条小小的跳绳带领学生走出国门，勇夺世界冠军。

他主持建立的“云荟跳绳队”先后有42名队员入选国家队，在2018、2019年代表中国参加跳绳世界杯，夺得118枚金牌，打破多项赛会纪录，在世界舞台上展示了中国少年的风采。

他多次带领本校学生参加全国跳绳比赛，累计获金牌400余枚。2020—2023年，学校跳绳队连续四年夺得广东省跳绳锦标赛总冠军。

李晓宇老师所在的广州市黄埔区东荟花园小学，是全国知名的体育特色强校和优质公立小学。学校的跳绳特色是以体育特色项目驱动学校全学科发展，促进五育融合，实现以体育人的关键环节，是持续推动学校体育品牌建设和探索以体育人实施路径的重要组成部分。作者所在学校跳绳特色运动项目建设的先进经验，对其他学校尤其是对体育教师来说，是一种独特而宝贵的教育资源。

本书的编写理念和内容体现了当前我国基础教育改革的方向和要求。十八大以来，国家高度重视学生身心健康，坚持德智体美劳全面发展的教育方针。习主席多次强调，要树立健康第一的教育理念，开齐开足体育课，帮助学生在体育锻炼中享受乐趣、增强体质、健全人格、锤炼意志。这为我们做好新时代学校体育工作提供了方向性指引，即体育对学生全面发展的重要作用，不仅体现为身体上的强健，同时还包括心理素质的提升和良好品格的养成。

作者力图将新课标对学校体育的要求与跳绳训练的实际经验相结合，体现了课程改革的精神。作者将跳绳运动这一具有广泛群众基础和较高科学性的体育项目，通过图文和视频相结合的方式呈现，使相关知识和技能传授更加直观、生动。这种融合多媒体的教学方式符合现代学生的学习习惯，能够提升学习兴趣，增加学习过程中的互动性，使学生更容易理解和掌握技能。

在本书编写过程中，作者还特别注重内容的条理性、科学性、实用性，重视用科学的训练理念、系统的训练内容和实用性训练方法，指导、帮助学生掌握系统的跳绳知识和技能，使学生更好地进行体育锻炼，更有效地提高身体素质，在更高水平上实现人格发展。

本书是一位主管学校体育工作的校长在系统总结本校尤其是本人跳绳专项运动技能训练教学经验基础上取得的一项重要教研成果，既是作者所在学校专项体育工作成功经验的系统展示，也是作者本人卓有成效专业成长的重要标志，显示了基层学校和一线教师结合自身教学实践创造性地开发适合学生的教学内容和教学方法方面所蕴含的巨大潜力。

充分发挥基层学校和一线教师投身课程教学改革的积极性，充分发挥校本研究在总结、传播基层学校教育教学改革经验中的作用，不仅能够促进学生发展、教师发展和学校发展，对于推动我国基础教育课程教学改革也有着积极的意义。

相信本书的出版，不仅有助于促进跳绳专项运动技能训练教学水平的提高，而且对于体育教学创新发展和体育教师专业发展能够起到积极的示范、推动作用。

前　言
PREFACE

跳绳运动是一项广受人们喜爱的、老少咸宜的运动项目。它没有特别的场地器材和时间要求，具有易于开展和易于掌握的特点。虽然它是一种较为常见的运动项目，但其价值容易被人们所忽视，甚至被认为是一种孩子们的游戏。

然而跳绳运动实际上是一项极具价值和意义的体育活动。

首先，跳绳运动能有效提升学生健康水平和身体素质。它不仅可以锻炼提升心肺功能，提高身体的耐力和爆发力，同时还能塑造良好的体型、体态，使身体更加健康、强壮，形象更佳。通过跳绳运动，还能有效预防各种疾病，如心脏病、高血压等，为健康保驾护航。

其次，跳绳运动能提升协调能力。跳绳是一种手脚并用的运动，需要控制好自己的节奏，同时还要手脚高度配合。这项身体、手脚配合的运动，对发展人的协调能力非常重要。中小学生在成功完成一次次跳跃的过程中，其协调能力得到了有效发展，运动能力得到有效提升。

第三，跳绳运动还能培养团队精神和竞争意识。在跳绳比赛中，需要与队友们紧密配合，共同完成比赛。这不仅能让参赛运动员学会如何与人合作的技巧，还能让他们更好地明白团队精神的重要性。此外，比赛的过程也能激发运动员竞争意识，让他们更加努力地去提高自己。

最后，跳绳运动虽然简单，却能带给参与者无尽的乐趣。在跳绳的过程中，可以释放自己的压力，享受并理解跳绳运动的快乐。此外，跳绳运动也是一种社交活动，可以邀请朋友们一起参与其中，共享运动的乐趣。

总的来说，跳绳运动是一项极具价值和意义的体育活动。它能提高青少年学生的身体素质，增强协调能力，培养团队精神和竞争意识，同时也能带来无尽的乐趣。

各中小学校应正确认识跳绳运动的价值和重要意义，根据学校实际，探索出一条适合本学校跳绳发展之路，让广大学生参与到跳绳运动中来，帮助学生在跳绳中享受乐趣、增强体质、健全人格、锤炼意志，更加有效地发挥出跳绳育人的作用。

广东省体育与健康教研员
肖建忠

目录
CONTENTS

| 第三部分 |
花样跳绳教学指引

| 第四部分 |

跳绳游戏活动 30 例

免费观看配书视频说明

全书共有免费配套视频99段。

其中1段是新手如何快速学会跳绳；14段是竞速跳绳配套视频；花式跳绳共分六级，每级14段视频，共84段花式跳绳视频。

99段视频时长从26秒到5分39秒不等，而且分为空手跳、拿着绳跳，正面演示、侧面演示等，非常适合学生和跳绳爱好者学习。

99段视频分别发布在以下2个平台上。2个平台上的99段视频内容都一样。读者可以自己选择。

1. 央视频

上述99段视频对应的99个二维码，分别印在书中相应内容附近。

竞速跳绳14段视频离标题较远，所以在二维码下方加了视频名称。

花式跳绳84段视频二维码印在标题右侧，不会搞混，所以省略了视频名称。

阅读时只需用手机在微信里扫码即可观看，家长和学生均可观看，且观看次数不受限制。

2. 悦学课堂

此外还有一个总的视频链接入口，发布在电子工业出版社悦学课堂平台上，里面也是99段视频链接，关注后即可免费观看学习。

扫描右方二维码即可观看悦学课堂跳绳视频。

授权声明

99段配书视频由作者李晓宇和“云荟跳绳队”队员、教练共同录制，并得到相关权利人或监护人授权发布，仅限用于授权指定的教育和公益目的。

未经权利人授权，不得用于任何商业或其他目的。

关于视频和图

99段视频非常系统完整，即使没有图也几乎不会影响阅读理解。

书中只保留了尽量少的图。文中也尽量不提参见某图。

图题因为与标题基本一致，所以省略了，但保留了图号。

| 第一部分 |
走进跳绳运动

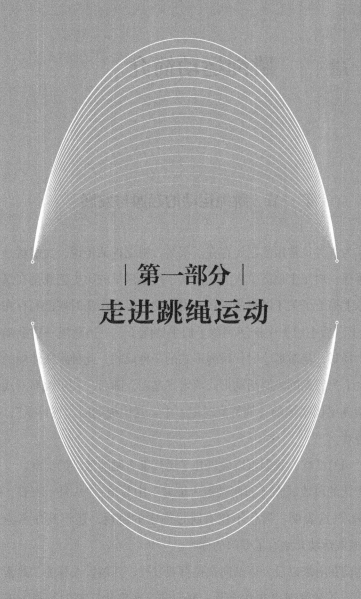

|第一章| 跳绳运动简介

第一节 跳绳运动的起源与发展

绳子作为人类日常用品已经存在了很久。根据神话传说，女娲就是用类似绳子的藤蔓，用泥土创造了人类。而关于跳绳最早的历史记载是在汉代，汉代的石像上描绘了关于跳绳的场景，说明跳绳早在汉朝时期已经存在。

《北齐书·后主纪》中描述到孩子们手持绳子，一边跳绳一边歌唱“高末”的活动场景，是对那个时代跳绳形式的一种反映，此种跳绳伴唱的形式在一定程度上为后人的跳绳活动形式奠定了基础。随后，关于跳绳游戏的记载出现在南朝梁代宗懔的《荆楚岁时记》中，其中提到的“飞百索”，指的便是跳绳游戏。

随着时间的推移，我们可以发现几乎历代都有跳绳活动的记载。

例如唐代的段成式在《酉阳杂俎·境异》中写道：“八月十五日，行像及透索为戏。”这表明，唐代不仅有跳过绳索的游戏，还将其命名为“透索”，跳绳游戏活动开始有了专门的称呼。

跳绳活动在南宋以后，逐渐向杂技百戏发展，并被世人称为“跳索”。

在辽代，儿童跳绳也非常普及。据记载，在宣化辽墓中的张匡正墓区域，发现了一件十分珍贵的文物——《幼童跳绳图》。这件神器上绘制了孩子们的跳绳游戏，画面中左右两个小孩弯腰屈膝，用力晃动一条长绳，而中间的一个小孩则是赤身裸背，屈膝展臂，轻盈地跳跃。这幅画的构图非常精巧，具有非常高的历史价值。

明朝时，跳绳逐渐演变成一种民间风俗，节日里人们经常会举办跳绳活动。此外还出现了多人轮流跳跃的跳绳游戏方式。这种运动在妇女中间也很受欢迎。当时此类跳绳游戏还有一个新的名称，叫作“跳马索”。

在清代，跳绳已经成为一项备受孩童欢迎的冬季户外活动。过年的时候，孩童常常会跳百索，为新年增添喜庆的气氛。他们一边敲打“太平鼓”，一边用节奏明快的歌谣伴唱，十分融洽。相关记载有如清代的《乐陵县志·经制·风俗》，其中写到清代民间也有女子跳百索的活动。元宵节时，常有女子跳绳，被称为“跳百索”，是女子们展示自己跳绳技巧的一种形式。而清代晚期曾刊行的《有益游戏图说》中，则把跳绳称为“绳飞”，无论从跳绳的方式还是叫法上都继承和发扬了历代跳绳活动的传统。

跳绳运动在新中国成立后更是得到迅速发展。由于其易学易练、场地要求低、器材成本低、健身效果好等特点，跳绳这项运动在广大群众中迅速普及。因此，跳绳不仅在大众体育中保持着旺盛的生命力，也逐渐被引入到学校体育中，被列为重要的体育运动项目，并深受广大师生喜爱。例如1959年时陕西师范大学，便率先拉开了跳绳复兴运动的序幕，不仅对跳绳进行了系统的整理，同时还规范了跳绳运动的赛事和培训，并举办了全国第一个跳绳训练班和跳绳赛事。

2007年10月，《中国跳绳竞赛规程》通过了国家体育总局的审定，同年全国跳绳教练和裁判员培训首次在北京成功举办，此后国家体育总局每年都会组织一次全国性的跳绳大赛，运动水平也在逐年上升。

2013年，跳绳首次作为全国中小学体质健康测试内容，并作为唯一一项可达到“超满分”的项目，被列入《国家体质健康标准》测试表中，即一分钟单摇双脚跳。从此跳绳开始渗透到中小学生日常学习和生活中，给学生带来健康的体魄和乐趣。

如今花样跳绳也正式进入到中小学体育与健康教材——《义务教育体育与健康课程标准（2022版）》中，作为学生必须掌握的一项运动技术，受到大部分学生的喜爱。

跳绳运动虽起源于中国，现已受到全世界的推崇。国外众多医学专家证明，跳绳是一项完美的健康运动。跳绳在大众健身领域广受国外健身人士的欢迎。除了中国外，许多欧美发达国家和亚洲的国家都把跳绳列为本国运动会的正式比赛项目。

在20世纪90年代，总部位于加拿大蒙特利尔，理事会设于比利时布鲁塞尔的国际跳绳联盟正式成立，成立之初便迅速吸引了50多个成员的参与，并在不断扩大。其中规模最大的国际型赛事便是每两年一次的世界跳绳锦标赛，现已成功举办了十多届。

2019年7月，在挪威跳绳世界杯举办期间，国际跳绳联盟（FISAC-IRSF）和世界跳绳联盟（WJRF）宣布合并，成立了国际跳绳联合会（The International Jump Rope Union，简称IJRU），这标志着国际跳绳运动的发展翻开了规模化和组织化的新篇章，同时跳绳这项运动也将在世界范围进一步推广。

第二节　跳绳运动的健康价值

跳绳运动可简可繁，易学易练。持续跳绳10分钟，与慢跑30分钟或跳健身舞20分钟相差无几，可谓耗时少、耗能量大的全身运动。

1. 跳绳能促进儿童健康发育

跳绳能加快胃肠蠕动和血液循环，促进机体新陈代谢，改善挑食、厌食状况，有利于儿童健康成长。

2. 跳绳能强健心脏

“为了您的心脏跳绳吧”，这是始于加拿大的口号。医学家和运动学家研究证明，长期坚持跳绳可增强心脏收缩功能，使心血管系统得到很好的锻炼，从而增强心脏机能。

3. 跳绳能健脑益智

医学专家认为，跳绳对活跃大脑有重要作用。儿童跳绳时自跳自数，有助于他们把抽象的数字与实际事物联系起来，使其初步理解数字的实际含义与概念。此外手握绳柄对拇指穴位的刺激，会大大增强脑细胞的活力，提高思维和想象力。长期坚持跳绳能健脑益智。

4. 跳绳能增高强身

跳绳能促进青少年身高发育是苏联的科研成果。“运动有助于儿童长高，最好的运动是跳绳。”这句话也是苏联时代就已经提出的。跳绳对人体骨骼生长有一定的刺激作用，使骨骼的血液循环得以改善，刺激生长激素分泌，促进长高。此外跳绳是全身运动，不仅能增进人体器官发育，还能促进身体协调性，增强心肺功能和体能，有助于提高人的全面身体素质。

5. 跳绳有利于提高记忆力和专注力

由于儿童在跳绳过程中不断数数，使其大脑皮层处于兴奋状态，有助于其将抽象记忆转化为形象记忆。

能促进儿童心灵手巧。人的机体在运动时会把信息反馈给大脑，从而刺激大脑进行积极思维。儿童跳绳时自跳自数，可以提高大脑的思维灵敏度和判断力，有助于儿童体力、智力和应变能力的协调发展。

6. 跳绳能培养儿童的平衡感和节奏感

跳绳时的动作可谓左右开弓，上下齐动，有助于儿童左脑和右脑平衡、协调地发展，还可以培养儿童的节奏感。

能帮助儿童确立方位感和培养其整体意识。儿童在跳绳过程中，有时是单人跳，有时是双人跳，有时是多人跳，这有利于儿童形成准确的方位感。

儿童在跳绳活动中，能够自觉地形成组织纪律性，可以培养其团结协作精神和集体主义观念。

| 第二章 | 跳绳运动的开展

第一节 跳绳运动在学校开展的优势

（一）安全且健康

跳绳运动被誉为完美的健康运动，也是世界第一大普及运动，具有深厚的群众基础。跳绳还是羽毛球、乒乓球、拳击、网球、篮球等多项体育运动所不可或缺的辅助训练项目。它安全性好，可简可繁，易学易练，不受场地和天气的限制，器材成本低且健身效果突出，非常适合青少年儿童全身性运动，对于提高心肺功能、身体协调性与灵敏性，促进长高，以及为今后从事其他体育运动打好基础，都具有较大的价值。

（二）竞赛体系完善

近年来，跳绳运动的热度在我国逐渐攀升，国家体育总局以及各省、市、地区将跳绳比赛体系打造得越来越完备。小学不仅可以参加国内各级赛事，还有机会入选国家队，为国出征，在世界舞台上展现中国少年的风采。

（三）体测高优指标项目

现行国家学生体质健康监测中，跳绳是唯一可以加分的高优指标项目，最多可以加20分到体测总分中。在广东省体育中考中，跳绳项目也是选考项目之一，具有“指挥棒”效应。这些因素更容易赢得家长对孩子参与跳绳运动的支持，有利于跳绳项目在学校的推广与发展。

第二节　跳绳运动注意事项

一、场地选择

在选择跳绳地点的时候，要注意最好选择木地板、运动地板等相对平整的场地，这对我们的脚有好处。

不要到凸凹不平和硬的地面跳绳，因为我们穿的鞋底比较软，容易伤到脚。

在跳绳的时候一定要选择好跳绳的地点。

二、时间选择

我们在跳绳的时候，最好不要在饭前、饭后、睡觉前1小时这三个时间段跳绳。因为在饭前跳绳，身上的血液都流到骨骼肌上了，对于消化不利。饭后30分钟内跳绳容易消化不良，跳动会导致肠胃不舒服，对肠道的功能会造成影响。睡前跳绳，容易让人产生兴奋感，不易入睡。

我们可以在饭前1小时前和饭后1小时后，再进行跳绳运动。

三、跳绳选择

如果我们刚开始学跳绳，在选择绳子的时候，最好挑选有一定重量，不易打卷的综合训练绳（竹节绳）。因为如果绳子太轻，在把绳子扬起和放下的时候，容易变形，对于刚开始学跳绳的人来说不是太适合。

如果我们跳绳已经很熟练了，可以挑选比较轻的绳子，或者专用的钢丝绳。

（一）常用跳绳介绍

参见表2–1。

表2-1 常用跳绳介绍

类型	图片展示	特点	适用范围
竹节绳	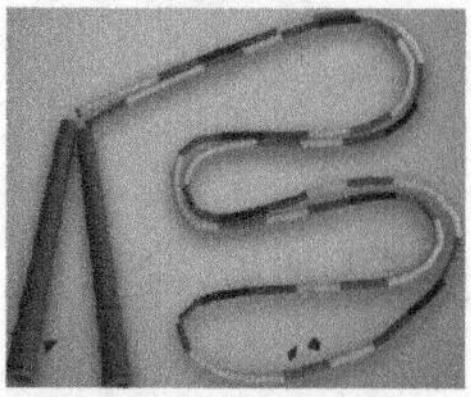	又称“综合训练绳”。绳体由若干节小珠子串联在一起，重量适中。摇绳时稳定性好，容易建立绳感，不易打卷变形，耐磨，耐寒，调节便利，携带方便	跳绳初学者，初级花样，速度辅助训练，健身、交互绳，8字绳等，应用范围最广
胶绳		绳体由4-5mm直径的橡胶材料制成，轻巧，转速比竹节绳快，弹性大，但容易导致失误	具有一定跳绳基础的学员，进行多摇花样项目的训练、表演、比赛
钢丝绳	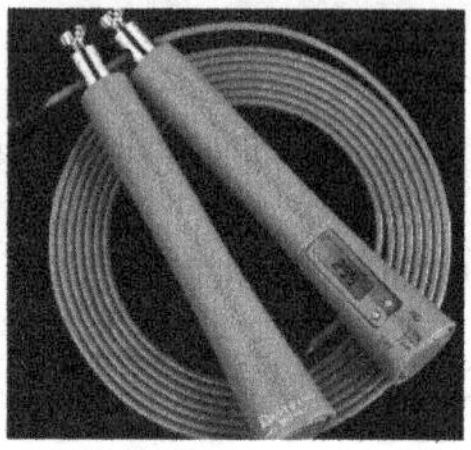	一般指的是绳体由钢丝材料或钢丝包胶的材质制成。绳柄带有轴承转子，转速快，不易控制	适合速度跳绳训练、考试、竞赛使用

（二）跳绳长度调节

跳绳长度调节是影响跳绳速度的重要因素。选用适合自己的跳绳长度不但能在跳绳过程中节省体能，还可以对提高跳绳水平起到辅助作用。参见表2-2。

表2-2 跳绳长度调节

类型	图片展示	说明
初学者		双手持绳，双脚踩住绳体中间，向上拉直绳柄，绳柄尽头与跳绳者肩膀齐平

续表

类型	图片展示	说明
初、中级花样单摇		双手持绳，双脚踩住绳体中间，绳柄横向拉平，与肚脐一样高
极限速度		双手持绳，双脚踩住绳体中间，绳柄横向拉平，对齐髋关节突出的两块骨头位置。注意：使用这样长度的跳绳跳的时候，需要身体折叠

四、鞋子及服装选择

在跳绳的时候，我们可以穿鞋底比较软的平底运动鞋，这样能够很好地保护脚部，使脚部不容易扭伤。如果鞋底较硬，在跳绳时感觉不轻便，并且脚部会产生不舒服的感觉。

第三节 跳绳入门

跳绳就是一项节奏游戏，一摇一跳连续反复，需要手脚眼协调配合，也是一项全身运动。

在教授新手学习单摇跳绳的时候，运用以下方法可以起到事半功倍的作用。同时让练习者掌握正确的跳绳动作，在练习过程中不断做正确的积累，为接下来的提高奠定坚实的基础。

接下来将介绍并脚跳和双脚交替跳两种基本跳法。

一、并脚跳

新手如何快速学会跳绳

并脚跳是所有跳绳技术动作的基础，也是大众参与跳绳运动的重要跳法。掌握正确的并脚跳技术动作，对更进一步提高跳绳技术，培养跳绳兴趣都有非常重要的意义。

下面介绍几种帮助跳绳者快速掌握并脚跳的练习方法。

1. 摇绳练习

准备两条跳绳，或者把不用的旧跳绳从中间剪断，两手各持一条，练习摇绳。两手摇绳速度相同且摇绳连贯，节奏稳定。

跳绳者能够熟练进行两手同步摇绳后，可以尝试配合屈膝和提踵练习。当绳子摇到最高点时屈膝，绳子下落地面时提踵，提高身体协调性，为下一环节练习奠定基础。

2. 过绳时机练习

跳绳者持绳做好跳绳准备动作，双手同时将绳摇过头顶。当绳子经过眼前时，双脚抬起脚尖，绳子经过脚下时将绳子踩住，顺势提起脚跟，让绳子从脚下经过。如此循环练习，帮助跳绳者感知并掌握过绳时机。

3. 辅助摇绳跳

初学者在尝试完整的连续并脚跳时，经常会出现跳一次或几次之后就卡住，无法按照稳定节奏连续跳。出现这样的情况时，跳绳者可以找一位帮手站在身旁，帮助其握住另一个手柄，配合其摇绳，练习完整跳绳动作。左右两侧分别练习，直到跳绳者能够连续稳定地跳绳。

4. 完整动作练习

熟练以上几种练习后，跳绳者就可以尝试进行完整并脚跳动作练习。

下面介绍并脚跳技术动作细节。

（1）身体与绳子的距离

跳绳者在练习并脚跳时，上臂自然下垂，肘关节微屈，两小臂略外展，在体侧成八字，两手臂分别与身体外侧相距15～20cm，两手的位置连线要超出身体平面，这样更有利于灵活发力，绳子长度以弧顶距离头顶

15～20cm为宜。

（2）正确握绳

跳绳者手握绳位置尽量靠近绳体一端，这样摇起来更有利于绳圈稳定，具体可以用一句口诀表述："食指勾，拇指按，其他手指轻轻攥。拇指头朝两边，手心朝前画小圆。"

（3）脚掌着地位置

跳绳时，为了充分缓冲身体落地时的冲击力，一般选择大脚趾根部肉垫位置作为脚的着地点，这样既能充分缓冲，又有利于保持身体平衡。

（4）身体姿态

双腿并拢，脚尖对齐，膝盖并拢微屈，前脚掌（大脚趾根部肉垫）着地，上身稍前倾，跳绳过程中采用收腹跳的跳法，注意保持身体平稳。

二、双脚交替跳

双脚交替跳也俗称跑步跳或单车步，跳绳者采用双脚交替过绳的方式进行跳绳。相对于并脚跳而言，单位时间内交替跳更能发挥出速度优势。在国内外各大跳绳竞赛中，高水平运动员在进行单绳竞速赛中，都采用双脚交替跳。

下面通过练习，帮助初学者掌握这项动作。

1. 脚步协调练习

将绳子在地面上摆出各种形状，如直线、N字形、W形等，练习者采用单足跳、双足跳等形式进行"跳房子"游戏，提高脚步协调性。

2. 持绳高抬腿

跳绳者将跳绳折叠，双手拉直绳子，持绳于腰间做高抬腿练习。尽量保持上身平稳，双脚每次抬起离地高度控制在30cm，节奏稳定均匀。

3. 单足跳组合练习

练习者持绳进行单足跳绳练习，要求左右两只脚都可以分别连续完成10次以上。达成后提高练习难度，练习左脚连续3次单足跳绳后，换右脚3

次单组跳。然后左脚2次，右脚2次。再过渡到左脚1次，右脚1次，也就是双脚交换跳动作。

这个过程需要一些时间让学生适应，不要急于求成，多给学生鼓励，帮助其建立自信心。

三、跳绳入门辅助游戏

游戏1:《穿越火线》

规则: 用多条绳子在地面并排摆放，绳子间距20cm左右，每组两人同时出发，以并脚跳或者交换脚跳的方式穿越“火线”。穿越过程中脚不可以碰到或者踩到跳绳，看谁的速度快。

目的: 帮助学生掌握跳绳时前脚掌着地的感觉，准确说是大脚趾根部脚掌肉垫的位置着地，配合轻微的屈膝缓冲，节奏均匀的连续跳跃。

游戏2:《一波未平，一波又起》

规则: 学生成两列纵队站立，选两名学生拉一条跳绳，在距离队伍排头15~20米的位置，拉着绳子向对面学生快速跑来，绳子尽量贴着地面。当拉到队员脚下时，依次跳过绳子。所有队员过绳后，再将绳子从队员头顶拉过，队员依次下蹲闪躲。完成后换下两名队员，指导本组学生全部拉过绳子，才算完成。

目的: 帮助学生掌握正确的过绳时机。

游戏3:《快乐时钟》

规则: 学生手拉手围成一个圆圈，圆心和圆圈处各一名学生拉一条跳绳，圆圈外围的同学拉着绳子贴着地面跑动，绳子到谁的脚下，谁跳起过绳。速度逐渐加快，比比10秒内哪个小组旋转的圈数最多。

目的: 巩固学生过绳时机，提高团队合作意识。在玩中学，在学中玩，提高参与兴趣。

第二部分
竞 速 跳 绳

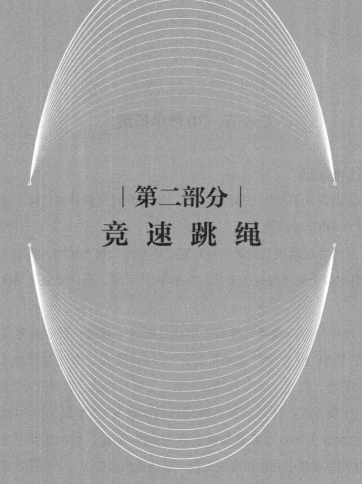

竞速跳绳指在规定时间内，采用比赛项目规定的跳法，尽可能多地完成有效跳绳次数。在国内外各级跳绳比赛中，常设置的竞速跳绳项目有：30秒单摇、30秒双摇、3分钟单摇、4×30秒单摇接力、2×30秒双摇接力、长绳“8”字跳、长绳同步跳、交互绳速度跳等。

下面介绍不同类型的竞速赛训的练习方法与简单的竞赛规则。

|第三章| 单人竞速跳绳

第一节 30秒单摇跳

一、比赛规则

（一）运动员双手摇绳，每跳起一次，绳体跃过头顶并通过脚下绕身体一周（360°），称作单摇跳。

（二）30秒单摇跳项目是运动员在规定场地内，双手摇绳，除幼儿组别外，均采用双脚交换单摇跳的动作。在30秒时间内，累计完成跳绳次数多者胜出。

（三）比赛口令：裁判员准备—运动员准备—预备—跳（或哨音）—10—20—停（或口哨）。当“运动员准备”口令响起后，要求参赛者人和绳子都要保持静止，听到“跳”（或哨音）后，方可开始跳，否则记为抢跳。

（四）计数方式：计运动员右脚成功的次数 ×2，如运动员30秒单摇跳计右脚的次数为90次，那最终成绩为90×2=180次。如在比赛中发生犯规，裁判将在总成绩中扣除相应的次数。运动员出现失误，不扣除次数，但会给出失误次数登记。

二、技术要点

（一）准备动作

运动员双手持绳，两脚前后开立，左脚在前，膝盖微屈，脚跟抬起，前脚掌点地，身体重心落在左脚。上体以髋关节为轴向前俯身，头部、颈部、腰部在同一条直线上，保持整个身体平衡。参见图3-1。

图 3-1

（二）动态动作

运动员在跳动的过程中，上臂自然下垂，小臂带动手腕抖动摇绳。髋关节放松，大腿发力带动小腿交替过绳。跳动过程中，尽量保持肩膀放松和身体平稳。参见图3-2。

图 3-2

（三）具体要求

1. 摇绳要保持一条线、两平行、取中间，即绳柄连线尽量与地面平行，并且这条直线与运动员的身体平面、地面尽量平行，且在地面与绳子摇动起来的最高点中间位置。参见图3-3。

图3-3

2. 跳动的过程中，上体保持平稳，不要上下摆动。摇绳手离地面高度尽量保持不变，身体不可以前后或者左右移动，尽可能保持在一个位置跳。

3. 摇跳配合协调，节奏快速且稳定，两脚抬起高度一致，不要出现“前后脚”或者“变速跳”。

三、训练方法

（一）脚步

30秒单摇跳
1脚步

正常情况下，下肢灵活性不及上肢，所以在双脚交换跳速度提升方面，首先练习无绳抬脚速度。例如学生想双脚交换跳30秒达到180次，无绳抬脚速度就要至少达到30秒180次或者更高。无绳抬脚速度决定你跳绳速度的上限，摇绳速度决定跳绳速度的下限。

下面几种脚步练习可根据学生不同水平选择使用。

1. 击绳高抬腿

适合初学者，三人一组，两人拉一条跳绳，一人在中间。做高抬腿动作，绳子高度保持在练习者大腿抬起后与地面平行的位置，以30次、50次、

100次三个数量分三组轮换练习。要求每组练习全力以赴，大腿面肌肉每次要撞击到跳绳，上体稍前倾，肩膀和双臂放松，核心收紧。参见图3-4。

图3-4

2. 正脚背击绳练习

三人一组，两人拉绳距地面20cm左右。一人在中间进行快速抬腿练习，每次正脚面撞击跳绳，上体前倾，核心收紧，跟随节奏，肩部放松，双臂自然下垂。学生练习次数建议100次、150次、200次各一组，每次都要发挥最大速度。参见图3-5。

图3-5

3. 单人持绳抬腿

两绳柄相对叠放，将绳子围成一个圆圈，双手穿过绳圈，分别握住一根绳柄向两端平拉，拉到正常跳绳时两手摇绳的距离即可。身体以髋关节为轴向前折叠，上臂自然下垂，小臂也以肘关节为轴微曲，核心收紧，快速抬腿，大腿正面撞击跳绳。

此项重点练习身体姿势、摇绳手放的位置、摇绳手宽幅的定型，更好地帮助学生习惯身体折叠。参见图3–6。

图3–6

4. 脚步灵敏及协调性练习

提高学生灵敏性和身体协调性，对于提高绝对速度有着重要的意义。可以让学生更好地发挥出速度能力，减少体能消耗，提高肌肉精准发力性。参见图3–7。

图3–7

5. 手持水杯跳

学生手持两个装满水的一次性塑料或者纸杯，做徒手跳绳练习，在规定的时间内，看哪个学生水杯里的水剩得最多。该训练有助于增强身体稳定性，脚下在做跳绳动作时，能够保持上身和手臂稳定，以便减少交换脚跳时，脚步动作传导到上体和手臂造成对摇绳轨迹稳定性的影响。参见图3-8。

图3-8

6. 坐姿跳

找一张坐下来刚好大腿与地面处于平行状态的凳子坐下，臀部的二分之一坐在凳子上，脚跟抬起，前脚掌着地，做快速抬腿练习，帮助学生建立正确的抬腿发力肌肉记忆，能够有效纠正跳绳时小腿后撩或者前踢等不规范脚步动作。参见图3-9。

图3-9

（二）摇绳

30 秒单摇跳 2 摇绳

无论是练习并脚跳，还是双脚交替跳，摇绳练习手段和方法基本一致。稳定且快速地摇绳，是提高跳绳速度，减少失误的重要保障。

1. 单人摇绳练习

两手各持一条跳绳，上臂自然下垂，小臂配合手腕摇绳练习。要求两手摇绳速度节奏一致，绳子摇动轨迹稳定，手臂和握绳位置准确且发力协调。参见图3–10。

图 3–10

2. 双人摇绳练习

两人并排站立，各持绳柄一端，合作摇一条跳绳。肩膀放松，绳子先不打地摇绳，每只手200次；绳子打地摇绳，每只手150次。参见图3–11。

图 3-11

3. 弱侧手强化摇绳练习

单摇跳绳是双手同时发力、同速摇绳，这样才会不容易失误。但学生往往在跳绳训练或者比赛时，强侧手摇绳速度明显优于弱侧手，就会导致两手摇绳速度不一致而造成失误。强化弱侧手摇绳至关重要。在进行合作摇绳练习时，弱侧手空闲的时候，要拿一个摇绳辅助器进行摇绳练习，或者单独进行摇绳辅助器的弱侧手摇绳练习。理想状态是，弱侧手练习次数是强侧手的两倍甚至更多，进而达到双手摇绳速度均衡。

（三）完整动作练习

1. 摇绳球辅助练习

30 秒单摇跳 3 完整动作

练习者双手持摇绳球，进行完整单摇跳动作练习，规范摇跳配合，帮助动作定型。

2. 超时长单摇练习

根据运动员体能情况，选择1分钟或40秒的时长，进行单摇跳练习。保持跳绳节奏的稳定，在规定时间内尽可能多地完成跳绳次数，减少失误。

3. 连续移动跳

运动员持绳进行双脚交替跳，教练员用口令或者哨声做指引，在规定的时间内依次向前、后、左、右四个不同方向进行移动，且做到尽量不失误。熟练后可以不断提高跳绳速度和移动方向变换频率。运用连续移动跳绳不但可以提高运动员绳感，还能够强化控绳能力。在移动中完成快速跳绳不失误，就能够很大程度上减少原地跳绳失误的概率。参见图3–12。

图3–12

4. 短时冲刺跳

用10秒、15秒、20秒的时间，进行快速冲刺跳练习，最大限度发挥出速度水平，组间充分休息，提高练习者反应速度和爆发力。

5. 变速跳

在规定的时间内，根据音乐节奏的引导，进行变速跳练习。可以快慢结合，也可以由慢到快或由快到慢，减少失误，提高速度掌控能力，减少失误。

四、实训案例

在进行30秒单摇速度跳绳训练时，针对学生水平的差异，所采用的方案也有所不同。下面针对30秒单摇成绩在120～170次之间水平的练习者设计以下实训方案，仅供参考。

30秒单摇跳单次训练计划表

训练项目：30秒单摇跳	
训练目标	（1）掌握俯身式跳绳技术动作，能够熟练运用多种训练方法进行自主训练与指导他人 （2）发展上下肢爆发力、身体协调性、心肺功能等身体综合素质 （3）培养体育品德，胜不骄、败不馁，善于合作，敢于竞争
重点、难点	（1）训练重点：正确运用俯身跳法 （2）训练难点：稳定的摇跳节奏配合
流程	（1）热身 跟随音乐慢跳绳3分钟，然后进行3分钟动态热身 （2）游戏 春播秋收，稳步前进 （3）摇绳专项技术训练 两人合作摇绳练习：每只手2分钟 ×2组，1分钟 ×4组 双手持摇绳球练习：2分钟 ×2组，1分钟 ×4组 （4）脚步专项技术训练 行进间步频练习：40秒 ×3组 双手扶墙快速抬腿练习：40秒 ×3组 （5）完整技术训练 （a）竹节绳速度跳练习 竹节绳定数跳：连续600次、400次、200次各一组，要求不可以有失误，组间充分休息 竹节绳定时跳： 40秒 ×1组，组间休息1分钟 30秒 ×3组，组间休息40秒 20秒 ×4组，组间休息30秒 10秒 ×5组，组间休息15秒 （b）钢丝绳速度跳练习 钢丝绳定时跳： 40秒 ×1组，组间休息1分钟 30秒 ×3组，组间休息40秒 20秒 ×4组，组间休息30秒 10秒 ×5组，组间休息15秒 （6）节奏稳定性练习 行进间前后移动跳，10米 ×3组 行进间左右移动跳，10米 ×3组 （7）体能训练 跑楼梯，30级台阶上、下 ×3组 卷腹，50次 ×4组 俯卧爬行，10米 ×5组 波比跳，20次 ×4组 （8）比赛 将学生分成若干小组，进行4×30秒单摇接力跳比赛 （9）放松与小结

备注：此方案适用于30秒单摇跳成绩在120～170次之间的练习者。

第二节 3分钟单摇跳

运动员在3分钟的时间内，采用双脚交替跳的技术动作，完成尽可能多的单摇跳。比赛场地要求与30秒单摇跳基本一致。

一、比赛规则

（一）运动员须使用双脚交换跳的方式完成动作；累计运动员成功完成单摇跳的跳次数为该运动员的应得次数。

（二）按口令要求，人、绳都从静止开始起跳，在指定场地内比赛为有效动作。

（三）比赛口令：裁判员准备—运动员准备—预备—跳（或哨音）—30—1分钟—30—2分钟—15—30—45—停（或哨音）。

（四）计数方式：计运动员右脚成功的次数×2，如运动员3分钟单摇跳计右脚的次数为400次，那最终成绩为400×2=800次。如在比赛中发生犯规，裁判将在总成绩中扣除相应的个数。运动员出现失误，不扣除个数，但会给出失误次数登记。

二、技术要点

（一）技术动作上与30秒单摇跳基本一致。不同的是3分钟单摇跳追求的不是短时间内最快速度的爆发，而是更注重节奏的均匀合理与速度耐力的强化。运动员跳的高度要比30秒单摇跳高5~10cm，以增加容错性。抬脚高度要比30秒单摇略低，以减少过绳能量损耗。

（二）在3分钟时间内，运动员需要高强度的快速跳绳。合理的体能分配能够有效发挥出运动员更好的潜能，以创造优异成绩。通常前60秒用90%的能力跳，60秒~150秒保持80%~85%的能力跳，最后30秒全力冲刺。

（三）在绳子长度的选择上，相同条件下要比30秒单摇跳绳子长10cm左右。绳体和绳柄要选择相对重量更轻，转速更好的，以便节省体能，发挥出速度优势。

三、训练方法

3分钟单摇跳在训练方法上，摇绳练习、脚步练习、节奏练习等与30秒单摇跳基本一致。不同之处在于3分钟单摇跳对运动员的体能、速度耐力、意志力等方面都提出了更高的要求，这些方面也是训练的重点。下面介绍几种有代表性和针对性的训练方法。

（一）设定目标法

3分钟单摇跳目标的设定与运动员30秒单摇跳水平息息相关，可以根据运动员30秒单摇跳水平的不同设定相应的训练目标。如运动员30秒单摇跳成绩在200次，不考虑速度损失和体能问题的理想状态下，该运动员的3分钟单摇成绩为200×6=1200次。但在比赛中，大部分运动员只能达到理想成绩80%～90%的水平，下表就是30秒单摇跳不同水平运动员，3分钟单摇跳各时间段达成速度目标的参考值。

3分钟单摇跳绳各时间段速度目标参照表

30秒成绩水平	1分钟	1分30秒	2分钟	2分30秒	3分钟
140	270±10	395±10	520±10	645±10	760±10
160	300±10	440±10	580±10	720±10	860±10
180	330±10	485±10	640±10	795±10	960±10
200	360±10	530±10	700±10	870±10	1060±10
220	390±10	575±10	760±10	945±10	1150±10

（二）定数练习法

定数练习法通常在3分钟单摇跳训练初期使用。连续完成指定跳绳次数，不断缩短所用时间，要求练习者尽量保持匀速且不失误。如当前训练者30秒单摇水平在180次，我们可以根据上表设定3分钟连续单摇跳的目标为960次以上，要求尽可能用最短时间完成。随着运动员水平不断提升，提高计数跳绳的目标数量，确保运动员拥有完成3分钟跳绳项目最基础的体能。

由于计数训练法运用起来比较灵活，可以与其他跳绳训练结合起来，多用在单次训练热身环节的最后阶段或放松活动之前进行。

（三）阶梯式训练法

大多数运动员在参加3分钟单摇跳训练时都会有一些畏难情绪，体能上和速度耐力上都没法快速适应。为了帮助他们树立信心，减轻畏难情绪，提升训练趣味性，可以选用阶梯式训练方法，循序渐进提高成绩。

阶段	时间段	目标	达成情况
第一阶梯	1分钟单		
第二阶梯	1分30秒		
第三阶梯	2分钟		
第四阶梯	2分30秒		
第五阶梯	3分钟		

以上表格同样需要根据运动员30秒跳绳水平进行目标设定。组织分阶梯练习，每上升一个阶梯给予一定的鼓励和奖励，激发训练者的热情和参与兴趣。利用阶梯式训练方法，也可以在多名不同水平运动员之间建立竞争机制，比比谁达成阶梯训练目标最快，形成你追我赶的良好氛围。灵活运用，可以达到很好的训练效果。

（四）平均数突破训练法

运动员在体能充沛、状态良好的状态下，进行一次3分钟单摇跳测试，并记录下测试成绩。经过充分休息调整后，再进行一次3分钟单摇测试。两次测试都要求运动员要全力以赴，争取最好成绩。取两次成绩的平均数，作为接下来3～5天训练小周期的突破目标。如：测试运动员两次3分钟跳绳成绩分别为1000次和980次，平均数为（1000+980）/2=990次，该数值为接下来几天训练都必须突破的目标。如能够每次较轻松达到该目标，再设定下一个训练小周期的突破目标，方法与前一次一致。

四、实训案例

3分钟单摇跳单次训练计划表

训练项目：3分钟单摇跳	
训练目标	（1）熟练运用多种训练方法进行自主训练与指导他人练习 （2）发展上下肢爆发力、速度后期的耐力、身体协调性、心肺功能等身体综合素质 （3）培养体育品德，胜不骄、败不馁，善于合作，敢于竞争，敢于拼搏，敢于挑战
重点、难点	（1）训练重点：合理的体能分配 （2）训练难点：稳定的摇跳节奏配合
流程	（1）热身 跟随节奏音频或者绳操音频，跳绳3分钟，然后进行3分钟频率动态热身 （2）游戏 高铁运水 （3）摇绳专项技术训练 摇绳的节奏是30秒140～180次的节奏 3分钟 ×1组 2分钟 ×2组 1分钟 ×3组 （4）脚步专项技术训练 站姿快速抬腿练习，3分钟 ×1组 扶墙高抬腿，2分钟 ×2组 两人面对面搭肩抬腿练习，或扶墙直臂抬腿练习，1分钟 ×3组 （5）完整技术训练 竹节绳定数跳： 连续1000次1组，800次2组，600次3组，组间充分休息 定时跳（钢丝绳）： 30秒 ×4组，组间休息15秒 1分钟 ×3组，组间休息30秒 1分30秒 ×2组，组间休息40秒 （7）体能训练 跑楼梯：100级台阶 ×6组（1～5楼的高度） 左中右卷腹：30对 ×4组 俯卧撑传迷你标志桶：直径5米的圆3圈 ×5组 波比跳：20次 ×4组 （8）比赛 将运动员分成若干小组，进行速度跳绳接力比赛 （9）放松与小结

备注：此方案适用于 3 分钟单摇成绩在 760～860 次之间的练习者。

第三节　双　摇　跳

双摇跳也称为双飞跳或二重跳，指运动员双手摇绳，双脚同时起跳。每跳起一次，绳体跃过头顶通过脚下绕身体两周（720°）。双摇跳绳在其他运动领域的作用也非常大。例如我们常见的羽毛球、乒乓球、篮球、拳击等多项运动中，都离不开双摇跳绳的辅助练习。它可以有效提升运动员的协调性、灵活性、爆发力、弹跳力和节奏感。

一、比赛规则

（一）运动员须使用并脚跳的方式完成动作；按口令要求，人、绳都从静止开始起跳。

（二）规定时间内运动员累计成功完成双摇的次数为该运动员的应得次数。

（三）比赛口令：裁判员准备—运动员准备—预备—跳（或哨音）—10—20—停（或哨音）。

（四）计数方式：计运动员规定时间和场地内双摇成功的次数。如在比赛中发生犯规，裁判将在总成绩中扣除相应的个数。运动员出现失误，不扣除个数，但会给出失误次数登记。

二、技术要点

（一）双摇跳基本技术动作为跳绳者双手持绳，在一次跳跃中，绳子绕过头顶和脚下两次。也就是跳起一次，摇绳2圈。它的基本技术动作与单摇并脚跳类似。

（二）要求摇绳时上臂自然靠近身体两侧，前臂自然下垂，手腕略微外展，利用前臂带动手腕快速摇绳。绳子下落时，前脚掌用力蹬地向上跳起。跳起在空中时，保持核心收紧，身体自然放松。落地时用前脚掌先着地，膝盖顺势屈膝缓冲。

（三）要求跳绳者具备更快的摇绳速度和掌握双摇跳动作节奏的能力。

三、训练方法

（一）双摇跳绳入门

双摇跳入门

在学习双摇跳时，通常将摇绳和跳的节奏分开练习。跳的节奏是练习的重点，与单摇跳本质区别在于起跳后，需要在落地前完成两次连续快速摇绳动作。

1. 连续纵跳

双脚并拢，膝盖并拢微屈，完成连续纵跳。每次跳的高度控制在20cm左右，前脚掌落地，微屈膝盖缓冲。保持身体姿势舒展放松，跳动节奏轻快稳定。参见图3-13。

图 3-13

2. 纵跳连续击掌

在单次纵跳腾空落地前，双手在胸前快速完成两次击掌。熟练掌握后，尝试连续纵跳连续击掌练习，发展双摇跳摇绳与跳的节奏。参见图3-14。

图 3-14

3. 纵跳拍腿练习

自然站立，双手掌心朝内，垂放在身体两侧。起跳腾空落地前，双手拍打大腿外侧两次。参见图3-15。

图 3-15

4. 摇绳练习

双摇跳摇绳与单摇跳的最大区别在于，单摇跳是以单次摇绳节奏为单元连续进行，节奏为：哒、哒、哒。双摇跳则是以两次连续快速摇绳为单元，节奏为：哒哒、哒哒、哒哒，对于手腕摇绳速度有更高的要求。可以让学员使用摇绳辅助器，进行双摇跳摇绳节奏练习，一个纵跳落地前完成两次连续快速摇绳。参见图3-16。

图3-16

5. 持绳完整双摇跳练习

前面几个练习有助于提高学生双摇跳动作节奏，但离掌握双摇跳完整动作还有一段距离。接下来需要进行持绳完整双摇跳练习。

初学者可以提高纵跳高度，给摇绳制造更充足的时间，力求完成单个双摇跳。

正确的摇绳跳摇绳时机为，纵跳蹬地发力同时就要摇动绳子，不能等到脚离开地面后再摇绳。

连续两次摇绳速度的提升，在于练习者以双手手腕连线为轴发力摇绳，充分利用绳子的惯性来提高摇绳速度。

练习者能完成一次双摇跳后，可以选用一个双摇接一个单摇再接一个双摇的组合来练习连续双摇跳。

（二）速度训练

在基本掌握了正确的双摇跳技巧后，就可以进一步提升双摇跳速度。各大跳绳比赛中，双摇跳竞速项目主要设置30秒双摇跳，2×30秒双摇接力两个项目，以单位时间内完成双摇次数多者获胜。

1. 双摇跳基础动作学习

在高水平的双摇跳竞速比赛中，参赛选手一般都会保持上身以髋关节为轴前倾，双脚尖并拢，前脚掌主动着地，屈膝，采用收腹跳的方式来进行双摇跳。跳的高度要控制，跳得过高不利于今后跳绳速度提高，需要保持良好的节奏和弹性。上身折叠前倾有利于缩短跳绳长度。收腹跳能够保持上身稳定，避免由于身体起伏对摇绳稳定性造成干扰，同时收腹跳又能够有效提高跳的频率。参见图3–17。

图3–17

2. 摇绳练习

双摇跳摇绳方法与单摇跳基本相同，同样适用“一条线，两平行”的方法。区别在于双摇跳要求更强的“抖腕”速度和良好的摇绳节奏控制能力，以及更高要求的体能和身体综合素质。

（1）摇重绳提高手腕爆发力，可以选用较粗珠子的竹节绳练习双摇跳摇绳，提高手腕摇绳的爆发力和速度耐力。

（2）采用握力器、哑铃、单杠悬垂练习等方法，刺激小臂肌肉群力量和手的握力，提高摇绳的速度爆发与控绳能力。

（3）两人合作，同摇一条跳绳。一人的强侧手带动另外一人的弱侧手，进行双摇绳节奏练习，提高弱侧手摇绳能力。参见图3–18。

图3–18

3. 收腹跳练习

如果练习者30秒双摇跳成绩想达到90次，那么徒手收腹跳的动作在30秒内至少要超过90次才有可能达到这一目标。为进一步提高收腹跳速度，可以从以下两方面入手。

一是用俯卧登山、蹲下起立跳、悬垂或仰卧举腿等训练，提高练习者腰腹力量。二是跟随音乐节奏进行收腹跳节奏练习，节奏由慢到快，熟练后还可以进行变速练习，提高快速收腹跳能力和稳定节奏。三是扶墙收腹跳练习，双手分开扶着墙壁位置做收腹跳练习，保持手扶墙位置不变，连续做收腹跳练习。

4. 完整动作练习

练习者在不失误的情况下，一次性尽可能多地完成双摇跳，提升自己的体能和身体综合素质。初学者往往由于技术动作不够熟练，造成体能消耗较大的情况，往往跳十几次连续双摇跳就无法再继续下去。在连续双摇遇到体能瓶颈的时候，可以进行几次单摇并脚跳来缓冲，然后再继续双摇跳。如果想在30秒双摇跳项目上取得优异成绩，练习者连续双摇跳的水平至少要达到120次以上，所以连续双摇跳能力也是30秒双摇跳项目训练的基础。

四、实训案例

30秒双摇跳单次训练计划表

训练项目：30秒双摇跳	
训练目标	（1）了解30秒双摇跳项目技术动作组成和相关比赛规则，提高30秒双摇跳技术动作规范性与熟练性 （2）发展上下肢力量、身体协调性、心肺功能等身体综合素质 （3）通过体育训练，激发体育运动兴趣，培养不怕吃苦、勇敢坚毅、善于合作的意志品质
重点、难点	（1）训练重点：掌握正确的30秒双摇跳技术动作和多种训练方法 （2）训练难点：发力协调，技术动作规范
流程	（1）热身 跟随音乐慢跳绳3分钟，然后进行3分钟动态热身 （2）游戏 穿越火线、翻江倒海 （3）摇绳专项技术训练 两人合作摇绳练习，每只手：1分钟 ×2组；40秒 ×4组 （4）脚步专项技术训练 收腹并脚跳40秒 ×2组；坐姿并脚跳30秒 ×3组 （5）完整技术训练 竹节绳定数跳： 连续300次、200次、100次各一组 要求不可以有失误，组间充分休息 定时跳： 40秒 ×1组，组间休息1分钟 30秒 ×2组，组间休息40秒 20秒 ×3组，组间休息30秒 10秒 ×4组，组间休息15秒

续表

训练项目：30秒双摇跳	
流程	（6）体能训练 静蹲，40秒×3组 提踵，100次×2组 动态平板撑，1分钟×2组 原地高抬腿，40秒×2组 （7）比赛 将运动员分成若干小组，进行迎面跳绳接力 （8）放松与小结

备注：此方案适用于30秒双摇成绩在60～80次之间的练习者。

| 第四章 | 多人竞速跳绳

第一节 4×30秒单摇跳接力

4名运动员根据口令指引，依次完成30秒单摇跳绳，将每个运动员完成的有效跳绳次数进行累计，数量多的队伍取胜。

一、比赛规则

（一）参加4×30秒单摇跳的4名运动员必须在指定的5米×5米场地内使用单摇双脚轮换跳的方式进行比赛。

（二）参赛队员须按口令指引从静止开始起跳，且在“换”口令下达后，后一名运动员方能进行跳绳接力转换，否则视为抢跳或抢换，每次犯规都从该队比赛总次数中扣除10个。

（三）比赛口令：裁判员准备—运动员准备—预备—跳（或哨音）—10—20—换—10—20—换—10—20—换—10—20—停（或哨音）。

（四）计数方式：4名运动员在120秒不间断的时间内，按照先后顺序依次完成30秒单摇跳，计运动员右脚成功的次数×2。如在比赛中发生犯规或者出界等情况，裁判将在总成绩中扣除相应的个数。运动员出现失误不扣除个数，但会给出失误次数登记。

二、技术要点

（一）4×30秒单摇跳要求4名参赛运动员在各自跳的30秒时间内最大

限度跳出自己的最好成绩。

（二）提高运动员起跳反应速度，在“开始”和“换”的口令衔接中减少时间消耗，争取更多有效跳绳时间。

（三）强化运动员心理素质，减少失误的同时力求正常或超水平发挥。

三、训练方法

（一）反应速度练习

模拟比赛口令，用5秒或10秒的短时单摇跳绳多频次训练，提高运动员反应能力和速度爆发力。在开展类似的训练时，为了更好地让运动员提升反应能力，我们可以选用不同的口令进行提示，如口哨、口令、音乐提示等。

（二）心理素质训练

在训练中，给运动员设置不同的情境和干扰，磨炼运动员心理素质和抗干扰能力，避免怯场。

常用的方法有：语言制造紧张气氛，让练习者在感到紧张或者压力的情况下进行练习。让练习者在集会或者人多的场合进行练习，培养敢于展示自己的自信心。播放较为大声或嘈杂的音乐，干扰运动员注意力等。

（三）模拟比赛

模拟真实比赛场景，播放正规比赛音乐，在规定的场地内进行模拟比赛或组内对抗赛，提高运动员适应比赛的能力。根据运动员适应比赛能力的不同，选取心理素质好、比赛型运动员放在接力的第一棒次，比好开局。把抗压能力强，潜能大的运动员放在最后一位，提升冲刺能力。

第二节　3分钟10人长绳“8”字跳

长绳“8”字跳是一项趣味性和技巧性强的传统跳绳比赛项目，老少皆宜，具有广泛的群众基础，在全国跳绳联赛、各级跳绳比赛中都很常见。

一、比赛规则

（一）在3分钟时间内，2名运动员同步摇单长绳，其他8名运动员依次以“8”字路线绕摇绳队员跳过长绳，2名摇绳运动员站立间距不小于3.6米。

（二）3分钟10人长绳“8”字跳在不影响其他队伍比赛的情况下无场地限制。

（三）比赛口令：裁判员准备—运动员准备—预备—跳（或哨音）—30—1分钟—30—2分钟—30—45—停（或哨音）。

（四）计数方式：在“跳”的口令下达后，摇绳者才可以开始摇绳，跳绳者开始进绳跳跃。累计运动员成功过绳次数为该队的应得次数。

二、技术要点

（一）两名摇绳者相对站立，小臂配合手腕发力摇绳，绳圈弧度饱满，摇绳节奏均匀。

（二）跳绳者按照“8”字路线匀速跑动，尽可能保持前后间距一致，跑动路线、起跳点、起跳过绳高度也一致。

（三）摇跳配合默契，摇绳者能够根据跳绳者实际情况及时调整摇绳节奏，减少失误。

三、训练方法

（一）基础跑动路线训练

10 人长绳“8”字跳 1 跑动路线

摇绳运动员将跳绳拉直，并将绳柄垂直地面竖起，绳子整体距离地面20cm左右，8名跳绳运动员从摇绳人一侧开始跑，穿越绳子中间点跑“8”字队形。跑的过程中要保持脚步轻快、路线一致。参见图4-1。

图 4-1

（二）过绳时机训练

1. 两名摇绳运动员将绳子摇到空中最高点时，跳绳运动员依次快速从绳子下方穿过，感受过绳空间。参见图4-2。

10 人长绳“8”字跳 2 过绳时机

图 4-2

2. 跳绳运动员观察绳子摇至眼眉位置时，向绳子接触地面的中间点位置斜前方单脚起跳过绳，反复训练，锻炼绳感。

（三）“三一致”训练

10 人长绳“8”字跳 3 三一致

1. 8名跳绳队员的前后间距一致，前后间距一只手臂的距离。跑动过程中时刻注意保持这样的距离。参见图4–3。

图4–3

2. 起跳点、跳的高度一致。运动员在完成跳跃过绳的过程中，一般在靠近绳子中心点前方30cm左右，单脚向前快速过绳，进出绳位置连线与摇绳人连线夹角角度30～40° 为宜，跳绳者顺利过绳后，依靠向前跳的惯性，身体重心略向面对的摇绳人一侧倾斜，按8字路线跑动。8名跳绳运动员起跳点和跳过绳子的高度要尽量保持一致，以保证绳子运行轨迹稳定。参见图4–4。

图4–4

3. 8名跳绳人要始终保持前后跑动的轨迹相一致。最开始训练的时候可以用粉笔在场地上画出轨迹，便于规范跑动轨迹。

（四）弱侧进绳训练

10人长绳“8”字跳4弱侧进绳

在跳绳运动员过绳时，有的习惯身体左侧进绳，有的习惯右侧进绳，这就容易造成进绳节奏的不稳定，进而影响比赛成绩。为了解决这一问题，就需要对运动员的弱侧进绳进行强化训练，方法如下。

（1）增加弱侧进绳练习次数。

（2）改进弱侧进绳技术动作。

（3）克服恐惧心理。

（五）摇绳训练

10人长绳“8”字跳5摇绳

在长绳“8”字跳项目训练中，摇绳是最为关键的技术。好的摇绳技术，不但能够快速提高项目成绩，减少失误，而且还决定了队伍长绳“8”字跳成绩的上限。

1. 摇绳队员站姿

两名摇绳队员相距不小于3.6米，面对面侧身站立，两脚分开略比肩宽，微屈膝，身体重心放在前腿，前侧脚外边缘紧贴间距线，但不要碰触，以防犯规。

2. 摇绳技巧

摇绳的两名队员都用自己的强侧手持绳，上臂自然下垂，小臂和手腕配合发力摇绳，手握绳柄动作与单摇跳基本一致。

摇绳过程中两人可以通过喊节奏来形成默契，感受对方摇绳的速度和力量，并相互借力，保持摇绳速度稳定一致。关注绳圈是否饱满，绳子打地点是否居中，绳子中间与地面接触的距离是否合适。摇绳速度越快，绳子与地面接触的距离越短，一般在15～30cm之间。

3. 摇跳配合

两名摇绳人根据跳绳人的速度来控制好合适的节奏，保持注意力高度集中。

当有队员掉队时，要通过加大摇绳幅度降低摇绳速度。当有队员距离前一名队员太近时，要减小摇绳幅度，提高摇绳速度来控制和减少失误。

在摇绳的过程中，一般跳绳者跑动中迎面相对的一名摇绳队员为主摇手，因为他更能准确地观察跳绳者的情况，以便更好地控制节奏和摇绳速度。另外一名辅助。如此反复循环，力求达到最优的摇跳配合。

四、实训案例

3分钟10人长绳“8”字跳单次训练计划表

训练项目：3分钟10人长绳“8”字跳	
训练目标	（1）摇绳队员与跳绳队员配合，依次有节奏地以“8”字路线跳过长绳 （2）发展下肢爆发力、耐力、身体协调性、心肺功能等身体综合素质 （3）通过体育训练，培养体育品德，胜不骄、败不馁，善于合作，敢于竞争，敢于拼搏，敢于挑战
重点、难点	（1）训练重点：摇绳运动员和跳绳运动员节奏一致 （2）训练难点：摇绳运动员和跳绳运动员的节奏配合
流程	（1）热身 摇绳运动员跟节奏摇绳练习，跳绳运动员依次以“8”字路线跳过长绳 （2）游戏 穿越火线 （3）摇绳专项技术训练 两人合作摇绳练习： 听节奏摇绳（两脚前后开立，摇绳手臂自然抬起，小臂带动手腕摇绳） 注：两摇绳人站立间距不小于3.6米 3分钟×2组 （4）跳绳运动员专项技术训练 摇绳运动员将跳绳拉直，并将绳柄垂直地面竖起，绳子整体距离地面20cm左右，8名跳绳运动员从摇绳人一侧开始跑，穿越绳子中间点跑“8”字队形。跑的过程中要保持脚步轻快，路线一致 10圈×3组 （5）完整技术训练 8字绳定数跳： 连续30次一组，50次3组。50次要求在30秒内完成。8字绳每组要求不可以有失误，组间充分休息 定时跳： 10秒×5组，组间休息15秒。一次达到15次可以减少1组，速度依次提高 20秒×3组，组间休息30秒。一次达到30次可以减少1组，速度依次提高 30秒×2组，组间休息40秒。一次达到50次可以减少1组，速度依次提高 1分钟×2组，组间休息1分钟。一次达到100次可以减少1组，速度依次提高

续表

训练项目：3分钟10人长绳“8”字跳	
流程	（6）体能训练 折返跑：15个来回（三分钟之内） 跑小栏架（10cm高）：栏架间隔5米，3个栏架 ×5组 俯卧收腿：30次 ×4组 平板支撑：30秒 ×4组 （7）比赛 将运动员分成若干小组，进行8字绳速度比赛 （8）放松与小结

第三节　1分钟10人长绳集体跳

在1分钟时间内，2名运动员同步摇单长绳，其他8名运动员同时在绳中集体跳，此项目又称为10人长绳同步跳。

一、比赛规则

（一）运动员无论采用何种站立方式，绳子均须同时通过绳中8名运动员头顶与脚下为成功一次，计数1次，在3分钟内累积成功次数为最后成绩。

（二）1分钟10人长绳集体跳在比赛过程中，不影响其他队伍比赛的情况下，无场地限制。

（三）比赛口令：裁判员准备—运动员准备—预备—跳（或哨音）—30—45—停（或哨音）。

（四）计数方式：在“跳”的口令下达后，摇绳者才可以开始摇绳。累计8名运动员同时成功过绳次数为该队的应得次数。

二、技术要点

（一）摇绳人动作要领

两名摇绳队员是十人长绳同步跳的关键，不但摇绳队员要身高有一定优势，体能和节奏感也要好，连续摇长绳三分钟对摇绳队员意志力也是很大的考验。

两名摇绳队员面对面站立，两脚前后开立屈膝，重心放在两脚之间。上臂自然下垂，贴着身体，下臂端平，双手握紧绳柄收于腰间，用腿部的弹动和腰部的力量配合摇绳。跳绳长度8～10米为宜，材质为细竹节或胶绳。绳柄选择防滑效果好，且适合双手握的20厘米以上长手柄。

（二）跳绳的8人动作要领

跳绳的8名队员面朝同一方向肩并肩横排站立，按照身高最高的队员站在中间的原则依次一字向两边排开，背对来绳方向站立，相互肩部稍侧身贴紧，尽量减少队形长度。跳绳时采用前脚掌着地，微屈膝缓冲配合收腹跳，使跳的高度尽可能低，节奏尽可能快。

（三）摇跳配合练习

摇绳两名队员站位分别距离队伍两头2米左右的距离，与8名跳绳队员站在一条直线上，感受对方的摇绳力量与速度，进而形成合力并匀速摇动。绳子摇动起来打地位置与跳绳队员的队伍长度相等。

跳绳的8名队员保持队形和站位不变形，绳子要到头顶时起跳，起跳高度过绳即可。不断适应摇绳的节奏，注意力高度集中，身体保持放松。

这里有一个重点要提醒，就是跳绳的人要主动适应摇绳人的节奏，因为摇绳的节奏稳定才是减少失误的关键。

三、训练方法

10人长绳同步跳的摇跳配合掌握后，就要尝试不断去提高速度。在这一过程中，需要用到以下练习方法。

1分钟10人
长绳集体跳

（一）摇、跳分离法

摇、跳分离练习法常用在速度跳绳最初动作定型和形成肌肉记忆、节奏稳定时期。要想完成三分钟十人同步跳，就必须要求队员能够稳定地摇绳三分钟，且连续快节奏跳三分钟，这是最基本的需求。在日常训练中，我们朝着这个目标去努力。

可以先固定一个节奏，然后摇绳的两人在一旁跟着节奏摇，跳绳的8个人跟着节奏跳。我们需要提醒队员节奏的稳定和队形的固定。

（二）人员递增法

当队员能够完成3分钟500次左右的摇绳和跳，就应该进入下一阶段的练习。

这里可以选择摇绳队员为单独一个跳绳队员进行同步跳练习，以30秒不失误为成功。成功后再增加一个跳绳队员，再完成连续30秒不失误。直到能够完成8个跳绳队员全部进绳为止。

（三）分段练习法

指分时间段练习。在队员练习初期，体能和技术方面还比较薄弱，练习完整的三分钟十人同步跳存在很大的困难。不但会失误连连，而且也打击队员的信心。

可以将3分钟的时间分为若干个小段，如30秒、1分钟、1分30秒等，分段练习稳定节奏和动作定型。

（四）定数练习法

使用定数练习法主要是给运动员明确的数量目标，如每次连续跳100次不失误，练习三组，看哪一组所用时间最短。

在训练时可以灵活使用，根据队员阶段能力水平，设定相应的定数练习计划。

（五）比赛法

比赛法是速度训练常用的一种方法，尽量要求队员通过比赛法达到零干扰和零失误。

在使用比赛法练习时，尽量模拟真实的比赛场景，也可以增加一些声音干扰或者音乐干扰，提高运动员比赛适应性，提高心理素质和比赛应变能力，以及建立自信心。

四、实训案例

1分钟10人长绳集体跳单次训练计划表

训练项目：1分钟10人长绳集体跳	
训练目标	（1）2名运动员同步摇单长绳，其他8名运动员集体在绳中跳绳，绳子同时通过8个人头顶和脚下，并尽可能多地完成集体跳绳次数 （2）发展下肢爆发力、速度、身体协调性、心肺功能等身体综合素质 （3）通过体育训培，培养体育品德，胜不骄、败不馁，善于合作，敢于竞争，敢于拼搏，敢于挑战
重点、难点	（1）训练重点：摇绳运动员和跳绳运动员节奏一致 （2）训练难点：摇绳运动员和跳绳运动员的节奏配合
流程	（1）热身 摇绳运动员跟着节奏练习摇绳，跳绳运动员原地并脚跳 （2）游戏 捕鱼达人 （3）摇绳专项技术训练 两人合作摇绳练习： 听节奏摇绳（两脚左右开立，两手抓住绳柄，身体稍微后仰，重心在脚后跟，扎稳马步） 2分钟 ×2组 （4）跳绳运动员专项技术训练 8名跳绳运动员排成一横排，跟音乐节奏原地并脚跳，节奏要保持一致 1分钟 ×3组 （5）完整技术训练 10人同步定数跳： 连续30次一组，50次3组。50次要求在30秒内完成，组间充分休息 定时跳： 10秒 ×5组，组间休息15秒。一次到达20可以减少1组，速度依次提高 20秒 ×3组，组间休息30秒。一次到达40可以减少1组，速度依次提高 30秒 ×2组，组间休息40秒。一次到达60可以减少1组，速度依次提高 1分钟 ×2组，组间休息1分钟。一次到达120可以减少1组，速度依次提高 （6）体能训练 蛙跳：20个 ×3组 跳小栏架（10cm高）：栏架间隔30cm，8个栏架 ×5组 收腹跳：20次 ×4组 原地高抬腿：30秒 ×4组 （7）比赛 将运动员分成若干小组，进行10人同步跳绳速度比赛 （8）放松与小结

第四节 交互绳竞速跳

交互绳竞速赛是国内外各大跳绳比赛中不可或缺的项目，也具有非常强的观赏性，深受广大跳绳爱好者的喜爱。

交互绳速度赛主要分为两种类型，一种为固定摇绳和跳绳人的竞速赛，如：30秒交互绳速度赛、1分钟交互绳速度赛。另一种为轮换摇跳的交互绳接力赛，如：3×45秒交互绳接力、4×30秒交互绳接力、2×60秒交互绳接力、4×45秒交互绳接力等。

一、比赛规则

（一）固定摇绳和跳绳人的竞速赛，以30秒交互绳竞速赛为例，如图4-5。

图4-5

A、B两名摇绳者面对面持绳站立，C站在绳外准备。在比赛开始的口令下达后，摇绳者才可以开始摇绳，跳绳者开始进绳跳跃。

（二）轮换摇跳的交互绳接力赛，以4×30秒交互绳单摇接力为例。4名队员在规定时间内，按照先后顺序依次配合完成30秒摇跳转换。将4名跳绳者编号分别设定为A、B、C、D，摇跳互换顺序为：

A和B为C摇绳，C面朝着B，D在B侧准备。

A和C为D摇绳，D面朝着A，B在A侧准备。

D和C为B摇绳，B面朝着C，A在C侧准备。

D和B为A摇绳，A面朝着D。

（三）比赛口令：裁判员准备—运动员准备—预备—跳（或哨音）—10—20—换—10—20—换—10—20—换—10—20—停（或哨音）。

（四）计数方式：在“跳”的口令下达后，摇绳者才可以开始摇绳。凡是运动员在进绳跳的时候，均必须采用双脚轮换跳跳法，其他跳法不予计数。累计单脚跳绳次数 ×2为最终成绩。

二、技术要点

交互绳1示范

（一）摇绳者必须采用正向（双手依次向内）摇绳，其他摇法均不计数，摇绳节奏均匀，绳子打地位置合适。

（二）摇跳转换配合默契，摇绳者降速及时，换绳熟练，衔接快速。

（三）跳绳者上体以髋关节为轴成俯身姿态，保持上身平稳，前脚掌着地，脚步动作轻盈，节奏稳定。

三、训练方法

交互绳2摇绳

（一）摇绳训练

1. 徒手摇绳练习

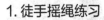

徒手摇绳训练对掌握正确的交互绳摇绳技巧和节奏非常重要。

首先选择平整地面，两脚左右开立，相距3脚半的距离，屈膝略呈马步站姿，保持全脚掌着地，躯干挺直，肩膀放松，上臂自然下垂，小臂上抬收至腰间，两手掌心相对，相聚20cm左右。两手半握空拳，伸出食指平行地面，小臂发力，手腕保持锁止状态，左右手交替向身体中线画小圆，贴近中线，但不超越中线。

初学者可配合口令练习，形成初步的节奏和肌肉记忆。参见图4-6。

图4-6

2. 两人同持绳柄练习

交互绳摇绳是需要两人配合的，在练习摇绳初期就要注重合作意识的养成。摇绳者两两相对，两手握同一副手柄的两端，同步摇绳柄练习。参见图4-7。

图4-7

3. 持绳练习（打地、不打地）

熟练了摇绳动作之后，就可以尝试进行两人持绳摇绳训练。练习者选用长度约3.2米，同时略重的交互绳进行练习。尽量将两条绳子拉直来进行摇绳，这样更容易控制发力，建立绳感。熟练之后，逐渐让绳子打地进行摇绳练习。

这是一个渐进的过程，需要耐心练习，同样可以配合节奏音乐或口令进行。参见图4–8。

图4–8

（二）交互绳进、出

交互绳 3 进出

1. “进”交互绳

跳绳者站在摇绳者任意一侧，左脚在前，右脚在后，两脚前后开立，身体重心放在前脚，集中注意力。当近身体一侧的绳子摇到最高点时，左脚蹬地，右脚跨入绳中。跳绳者进绳后，身体以髋关节为轴俯身向前，眼睛盯着面对的摇绳人绳子柄下端20cm左右的位置，来把握双脚过绳时机，用前脚掌着地交替跳绳。参见图4–9。

图4-9

2.“出”交互绳

交互绳速度跳多为同侧进出绳。以跳绳者站在跳绳左侧进绳为例，出绳也在同一侧。

跳绳者在跳的过程中，听到“换”的口令后，左侧绳子摇到最高点时，左脚蹬地，右脚向左前方跨出绳子。如果异侧出绳，则右脚向右前方跨出，出绳的位置尽量靠近摇绳人体侧。参见图4-10。

图4-10

练习小妙招：

摇绳者面对面站立，只持一条绳子进行交互绳摇绳。跳绳者站在靠近绳子一侧，进行进、出绳练习。

（三）交互绳摇跳转换

交互绳
4 摇跳转换

在交互绳竞速接力赛中，跳绳者摇跳转换的技术对最终成绩的影响较大。娴熟的摇跳转换技术可以节省更多时间，进而帮助跳绳者提高运动成绩。下面以4×30秒交互绳接力跳为例，介绍摇跳转换的技术要领及练习方法。参见图4-11。

图 4-11

在交互绳接力赛中，C听到“换”的口令后，要立刻出绳接面对的摇绳人的绳来为下一名跳绳者摇绳。A和B听到换的口令后，加大摇绳幅度，使绳圈变大，减慢摇绳速度。跳绳者快速反应，左腿登地发力，左腿向摇绳人体侧跨出，同时右手虎口朝上、掌心朝前，从摇绳者手里先接下右手的绳子，同时身体顺时针旋转，左手再接下摇绳者的另一根绳子。在交接绳的过程中，A要在交接绳过程中保持两条绳子慢速的正常摇动。B和C完成交接后，D进绳跳，以此类推。要想摇跳转换又快又稳，就要勤加练习，培养默契。参见图4-12。

图 4-12

练习小妙招

1. 徒手练习

A、B、C、D四人站位如图，徒手进行交互绳接力摇跳转换练习。参见图4-13。

图 4-13

2. 一对一徒手练习

A摇绳，B跳绳，换的口令下达后，B进行徒手摇跳转换。

3. 完整动作练习

遵循循序渐进的原则，摇绳速度由慢到快，绳圈由大到小，逐渐提高摇跳转换的速度以及成功率。

思考：

4×30秒交互绳接力竞赛中，如何分配四名运动员的棒次顺序？

在4×30秒交互绳接力比赛中，同一组运动员跳的次序不一样，对于最终的成绩有着较大的影响。一般将速度最快的运动员放在第一次序，因为这一次序跳绳者不受交接棒影响，可以跳出完整的棒次时间。其余棒次可以根据摇跳配合实际情况调整安排。

（四）速度提升训练

1. 摇绳专项训练

在交互绳速度训练中，快速、稳定、节奏清晰的摇绳是最重要的一项基础功。练习摇绳的初期，练习者两人一组，用较重的交互绳进行匀速摇绳练习，保持速度的均匀和绳子弧度的饱满。

单次训练方案：

组数	时间	速度	间隔时间	绳具选择
1	3分钟	200～220次/分	3分钟	大珠交互绳，绳子长度3～3.2米
2	2分钟	240～260次/分	2分钟	小珠交互绳，绳子长度2.8～3米
3	1分钟	300～320次/分	1分钟	小珠交互绳，绳子长度2.8～3米
4	30秒	200～260次/分	30秒	小珠交互绳，绳子长度2.8～3米

以上练习方案仅供参考，可根据练习者实际情况进行个性化调整。

2. 完整动作练习

摇绳技术基本稳定后，将进行脚步节奏与摇绳的配合练习。练习者四人一组，两人摇绳，另外两人分别站在绳子两侧，跟着摇绳节奏进行脚步动作练习。在这个环节，脚步练习者要盯着摇绳者绳柄下方20cm左右的绳子摇动节奏来进行脚步练习。

单次训练量安排表

组数	时间	速度	间隔时间	绳具选择
3	1分钟	240~280次	2分钟	小珠交互绳，绳子长度2.8~3米
4	30秒	130~160次	1分钟	小珠交互绳，绳子长度2.8~3米
5	15秒	60~80次	30秒	长度2.8~3米

四、实训案例

训练项目：交互绳速度	
训练目标	（1）A、B两名摇绳者面对面持绳站立，C站在绳外准备。比赛开始的口令下达后，摇绳者可以开始摇绳，跳绳者开始进绳跳跃 （2）发展上下肢爆发力、速度、身体协调性、心肺功能等身体综合素质 （3）培养体育品德，胜不骄、败不馁，善于合作，敢于竞争，敢于拼搏，敢于挑战
重点、难点	（1）训练重点：摇绳运动员和跳绳运动员节奏一致 （2）训练难点：摇绳运动员和跳绳运动员的节奏配合
流程	（1）热身 摇绳运动员跟音乐节奏摇绳练习，跳绳运动员原地跟音乐节奏双脚交替跳 （2）摇绳专项技术训练 两人面对面摇绳练习： 听节奏摇绳（两脚左右开立，两手抓住绳柄，身体稍微后仰，重心在脚后跟，扎稳马步） 3分钟×2组 2分钟×2组 1分钟×2组 30秒×2组 （3）跳绳运动员专项技术训练 跳绳运动员在绳外与摇绳运动员听同一频率的节奏徒手双脚轮换跳练习 3分钟×2组 2分钟×2组 1分钟×2组 30秒×2组 （4）完整技术训练 定数跳： 连续60次一组，100次3组。100次要求在30秒内完成，组间充分休息 定时跳： 10秒×5组，组间休息15秒。一次到达30可以减少1组，速度依次提高 20秒×3组，组间休息30秒。一次到达60可以减少1组，速度依次提高 30秒×2组，组间休息40秒。一次到达90可以减少1组，速度依次提高

续表

训练项目：交互绳速度	
流程	（5）摇跳转换练习 三人一组，进、换绳练习。要求：进绳脚落地后，马上出换绳 进绳跳10秒听哨音摇跳转换练习。要求：先能顺利完成摇跳转换后，再不断提高跳的速度 （6）体能训练 扶墙高抬腿：50个×3组 原地小碎步：50个×3组 平板支撑：30秒x4组 俯卧开合跳：30个×4组 （7）比赛 将运动员分成若干小组，进行交互绳速度比赛 （8）放松与小结

第三部分
花样跳绳教学指引

随着近年来花样跳绳在我国快速兴起，《义务教育体育与健康课程标准（2022年版）》中，首次将花样跳绳列入新兴体育运动项目。它包含个人花样跳绳和多人花样跳绳。

个人花样跳绳指在基本跳绳的基础上融入步伐变化、特殊交叉、体操、力量动作、缠绕动作、放绳动作等多个元素的跳绳表现形式。

多人花样指两人或多人运用一条绳或多条绳进行同步跳，如多边形、车轮绳、交互绳、绳中绳或绳网等，融入了体操、武术、舞蹈等多种表现形式，展现多样的跳绳玩法。

花样跳绳表现形式多样，跳法繁多。学生在学习的过程中不但能够提高弹跳力、身体协调性等基本身体素质，还能激发出创造力和想象力。对于激发学生运动兴趣与发展运动技能、促进身心健康发展，都有重要意义。

根据学生不同年龄段学习能力与身体发育的特点，设计了相应的花样跳绳动作大单元练习指引。每个年龄段的花样跳绳动作元素丰富，由易到难，趣味性和实用性更强。学生学习每个年龄段的花样跳绳动作，除了能够发展身体综合素质，掌握相应的花样跳绳技能，还能学以致用，根据已掌握的技能与跳法，配合音乐进行自编与合作创编花样跳绳表演，愉悦身心，培养发现美和创造美的能力，增强自信心。

| 第五章 | 一级花式跳绳

一、学习目标

（一）学生能够完成单摇跳动作，并熟练掌握多种步伐变化、跳的动作要领，及双人、多人花式配合。

（二）让学生在学跳绳的过程中获得成功的体验，促进学生力量、耐力、灵敏等素质提升。

（三）激发学生的探索精神，发挥学生伙伴间协作互助精神，使学生喜爱花式跳绳。

二、一级花式跳绳动作汇总表

名称		动作简介
单人	1.左右甩绳	双手持绳至身体后方，将跳绳摇至头顶位置时，双手同时向身体一侧靠拢，并甩动绳子在身体侧前方打地，同时配合屈膝动作。当绳子再次摇至头顶时，顺势将绳子甩至身体另一侧，同时配合屈膝动作，一拍一动节奏，循环完成若干次
	2.并脚跳	双手持绳置于体后，大臂自然下垂，两小臂体侧外展成八字形，手腕超出身体平面，双手手心略朝下握绳柄中下端，做好准备动作。小臂与手腕配合，将绳子从头顶摇经脚下并跳过，连续完成数次
	3.开合跳	双手持绳向前摇，起跳过绳瞬间，双脚空中分开与肩同宽，膝盖微弯曲缓冲落地。绳子再次摇至即将打地时，两脚并拢起跳过绳，一拍一动，循环练习
	4.双脚交换跳	又称踩单车跳。双手持绳前摇，绳子打地前单脚起跳过绳并落地支撑，另一只脚提膝上抬。当绳子转一圈后再回到脚下时，支撑脚起，提膝起跳过绳，另一只脚落地支撑。一摇一跳，如此循环如踩单车的动作

续表

名称		动作简介
单人	5. 弓步跳	以先跳左弓步为例。当绳子摇至脚下即将打地时，双脚起跳过绳，空中分腿成左弓步动作，落地支撑。绳子第二次摇至即将打地时，弓步还原成并脚跳过绳。绳子第三次摇至即将打地时，双脚起跳过绳，空中分腿成右弓步动作，落地支撑
	6. 滑雪跳	又称作并脚左右跳。与并脚跳动作基本相同，第一拍起跳过绳后双脚并拢，落在身体左侧。第二拍过绳后双脚并拢，落在原地。第三拍起跳过绳后双脚并拢，落在身体右侧。类似滑雪的动作
	7. 勾脚点地跳	双手持绳向前摇，当绳子摇至脚下即将打地时，双脚起跳过绳瞬间，一侧脚牵伸成勾脚动作落地支撑。绳子第二次摇至体前即将打地时，两脚起跳合并过绳。如此循环，左右交替进行
	8. 交叉跳	又称间隔交叉跳。双手持绳前摇，当绳子摇至头顶时，双臂贴近身体成体前交叉，双手持绳柄保持与地面平行，且绳柄前端间距略宽于身体，绳子成交叉状态，摇至脚下后过绳
	9. 双手俯卧撑跳	双手持绳置于体后，向前摇绳的同时，屈膝半蹲，呈蹲撑动作。绳体平稳落到地面后，双脚顺势向后跳，呈俯卧支撑。然后双脚再收于腹前呈蹲撑，双手迅速向后贴着地面拉绳至脚下，双脚同时跳过后身体还原成直立
	10. 燕式平衡	单摇过绳后，右脚向前一步落地，上体前倾，左腿后上举，抬头挺胸，两臂持绳并侧举，绳体中间位置挂在左脚背，呈燕式平衡
	11. 勾脚缠绕	以左脚踩绳为例。双手持绳打开，左脚踩绳，右脚跨过绳子，小腿以膝关节为轴，向内侧顺时针旋转，缠绕一周落地支撑。左脚向前一小步，左手顺势向前摇绳至脚下，右侧腿不动，左脚抬腿过绳，缠绕便解开
	12. 钓鱼接绳	以右手持绳为例。将左手侧绳柄抛于身体前方地面处，右手握绳柄，顺（逆）时针匀速绕一个大圆。当绳体牵动绳柄的一瞬间，右手快速向上提拉绳子。当绳柄离开地面运行至体前时，左手找准时间抓住绳柄
双人	一带一同步跳	两人面对面站立，其中一人持绳，摇至即将打地时，两人同时起跳过绳，连续完成若干次
多人	长绳进出跳	两人相对站立，摇动长绳，摇绳人站立的距离调整为长绳摇动时中间位置刚刚打地为宜。当长绳摇至最高点时，跳绳同学进绳。跳若干次后，当绳子摇至最高点时跳出

第一节 单人花式

一、左右甩绳

（一）跳法简介

双手持绳至身体后方，将跳绳摇至头顶位置时，双手同时向身体一侧靠拢，并甩动绳子在身体侧前方打地，同时配合屈膝动作。当绳子再次摇至头顶时，顺势将绳子甩至身体另一侧，同时配合屈膝动作，一拍一动节奏，循环完成若干次。

图 5–1

（二）技术要领

1. 绳子打地与屈膝配合要自然，节奏清晰。

2. 甩动绳子的弧线轨迹圆润优美。

（三）练习提示

1. 练习单手持绳体侧甩绳动作。

2. 练习双手持绳体前左右横向甩绳。

3. 注意手腕转动，练习体侧打地甩绳。

4. 甩绳时动作自然放松，上体正直，眼看前方，面带微笑。

（四）创新小提示

尝试将左右甩绳与下面的并脚跳结合在一起。

记录下你的创新跳法并与同伴交流分享。

创新跳法1：左右甩绳+手臂缠绕。

创新跳法2：左右甩绳+单摇。

注意：甩绳在花式跳绳中应用得较多，甩绳更多的种类和技巧也会在以后的学习中不断接触。让我们从最简单的入手，打好基础才能有更大的提高。

二、并脚跳

（一）跳法简介

双手持绳置于体后，大臂自然下垂，两小臂体侧外展成八字形，手腕超出身体平面，双手手心略朝下握绳柄中下端，做好准备动作。小臂与手腕配合，将绳子从头顶摇经脚下并跳过，连续完成数次。

图5-2

（二）技术要领

1. 手腕转动自然放松。

2. 起跳不宜过高，落地瞬间前脚掌着地并屈膝缓冲。

（三）练习提示

1. 徒手模仿练习。

2. 双手各持一绳，练习两手摇绳的协调同步。

3. 双手各持一绳，同步摇至绳末端打地，同时配合起跳动作，掌握起跳时机。

4. 完整动作练习时注意节奏的稳定和保持优美身体姿态。

（四）创新小提示

并脚跳是花式跳绳中非常基础的技术动作，也很容易上手。熟练掌握之后，根据摇绳方向和跳绳步伐，大胆尝试创编新花式，你会有意想不到的收获。

记录下你的创新跳法并与同伴交流分享。

创新跳法1：跳起后空中快速摇绳，你能完成几次呢？

创新跳法2：可以配合上灵敏梯，完成进阶练习。

小常识：并脚跳是花式跳绳中最基本的技术动作，也是普及最广的动作。要想成为一名花式高手，并脚跳就是基石。

三、开合跳

（一）跳法简介

双手持绳向前摇，起跳过绳瞬间，双脚空中分开与肩同宽，膝盖微弯曲缓冲落地。绳子再次摇至即将打地时，两脚并拢起跳过绳，一拍一动，循环练习。

图 5-3

（二）技术要领

1.“开”的时机在双脚跳过绳的瞬间。

2. 分腿幅度与肩同宽即可。

（三）练习提示

1. 徒手模仿练习，重点练习手脚节奏配合。

2. 摇绳手腕放松，速度均匀，注意脚步开合的时机。

（四）创新小提示

你可以用腿部来完成石头剪刀布的小游戏吗？记录下你的创新跳法，并与同伴交流分享。

创新跳法1

创新跳法2

小提示：和几个好朋友一起来完成开合跳，你会发现这种跳法很容易让你们跳的动作整齐划一。

四、双脚交换跳

（一）跳法简介

双脚交换跳又称踩单车跳。双手持绳前摇，绳子打地前单脚起跳过绳并落地支撑，另一只脚提膝上抬。当绳子转一圈后再回到脚下时，支撑脚起，提膝起跳过绳，另一只脚落地支撑。一摇一跳，如此循环如踩单车的动作。

图5-4

（二）技术要领

1. 上体正直或稍前倾，不要后仰。

2. 提膝换脚时小腿自然抬起，避免前踢或后打。

（三）练习提示

1. 对于不能马上掌握动作的同学，首先采用有绳连续单脚跳练习，即左脚连续跳5次，再换右脚连续跳5次。逐渐减少单脚连续跳的次数，依次递减直到完成左脚一次右脚一次。

2. 提膝抬腿时踝关节与膝关节自然放松，落地时用前脚掌着地。注意屈膝缓冲，跳动时富有弹性。

3. 快速跳时，小臂带动手腕抖动摇绳，上身以髋关节为轴保持稳定，身体避免过分前倾或下压，这样容易造成肌肉僵硬与提前疲劳，反而不利于速度提高。

（四）创新小提示

试着变换跳的节奏和开合的时机，你能创造出哪些新跳法？

记录下你的创新跳法并与同伴交流分享。

创新跳法1

创新跳法2

小常识：在竞技跳绳比赛中，单摇速度或耐力项目，运动员一般都是采用此跳法。如果你也想成为一名速度或耐力跳高手，那就从练好双脚交换跳开始吧。

五、弓步跳

（一）跳法简介

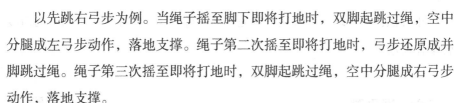

以先跳右弓步为例。当绳子摇至脚下即将打地时，双脚起跳过绳，空中分腿成左弓步动作，落地支撑。绳子第二次摇至即将打地时，弓步还原成并脚跳过绳。绳子第三次摇至即将打地时，双脚起跳过绳，空中分腿成右弓步动作，落地支撑。

图5-5

（二）技术要领

1. 弓步落地支撑时，身体重心在两脚中间。

2. 节奏清晰，摇绳速度均匀。

（三）练习提示

1. 双手叉腰练习弓步跳的完整脚步动作。

2. 持绳练习左、右弓步落地支撑动作。

3. 完整动作练习时，要注意弓步落地时膝盖需积极弯曲缓冲。

（四）创新小提示

弓步跳可以与交叉跳结合起来，尝试一下吧。

记录下你的创新跳法并与同伴交流分享。

创新跳法1

创新跳法2

小常识：弓步跳在初级花式跳绳动作编排中，一般作为承上启下的衔接性动作使用。

六、滑雪跳

（一）跳法简介

滑雪跳又称作并脚左右跳。与并脚跳动作基本相同，第一拍起跳过绳后双脚并拢，落在身体左侧。第二拍过绳后双脚并拢，落在原地。第三拍起跳过绳后双脚并拢，落在身体右侧。类似滑雪的动作。

图5-6

（二）技术要领

1. 注意向左、右跳动时，身体保持重心稳定。

2. 向左、右跳的身体摆动幅度不宜过大，保持双脚并拢及屈膝缓冲。

（三）练习提示

1. 徒手练习滑雪跳时保持身体正确姿势。

2. 持绳练习向左、中、右连续并脚跳。

3. 注意动作的美观与身体各部位的协调与放松。

（四）创新小提示

尝试一下将前后摆动与左右摆动跳连贯在一起吧。

记录下你的创新跳法并与同伴交流分享。

创新跳法 1

创新跳法 2

七、勾脚点地跳

（一）跳法简介

双手持绳向前摇，当绳子摇至脚下即将打地时，双脚起跳过绳瞬间，一侧脚牵伸成勾脚动作落地支撑。绳子第二次摇至体前即将打地时，两脚起跳合并过绳。如此循环，左右交替进行。

图 5-7

（二）技术要领

1. 一侧脚上抬做勾脚动作，脚跟轻点地，另一只脚弯曲缓冲。

2. 勾脚支撑时身体重心在后脚。

（三）练习提示

1. 徒手练习勾脚点地落地支撑动作。

2. 持绳练习勾脚点地跳节奏。

3. 做完整动作时注意摇绳动作放松，一拍一动，节奏清晰。

（四）创新小提示

尝试着变化出脚点地的方向或者变化脚步创编花式。

记录下你的创新跳法并与同伴交流分享。

创新跳法1

创新跳法2

八、交叉跳

（一）跳法简介

交叉跳又称间隔交叉跳。双手持绳前摇，当绳子摇至头顶时，双臂贴近身体成体前交叉，双手持绳柄保持与地面平行，且绳柄前端间距略宽于身体，绳子成交叉状态，摇至脚下后过绳。

图 5-8

（二）技术要领

1.交叉与打开的时机都是绳子摇至头顶上空时。

2.挥动小臂做交叉动作。

（三）练习提示

1.持空绳柄或徒手练习挥臂交叉动作。

2.持绳练习连续的交叉摇绳并跳过。

3.完整动作练习时注意交叉与打开的时机把握和动作的协调连贯。

（四）创新小提示

尝试着把间隔交叉的脚步变化下吧。

记录下你的创新跳法并与同伴交流分享。

创新跳法1

创新跳法2

九、双手俯卧撑跳

（一）跳法简介

双手持绳置于体后，向前摇绳的同时，屈膝半蹲，呈蹲撑动作。绳体平稳落到地面后，双脚顺势向后跳，呈俯卧支撑。然后双脚再收于腹前呈蹲撑，双手迅速向后贴着地面拉绳至脚下，双脚同时跳过后身体还原成直立。

图5-9

（二）技术要领

1. 俯卧支撑时保持核心收紧，避免塌腰。

2. 把握好向后摇绳与收脚起跳的时机。

（三）练习提示

1. 持空绳柄或徒手练习波比跳。

2. 持绳练习分解动作。

3. 完整动作练习时注意起跳时机的把握和动作的连贯性。

（四）创新小提示

尝试从俯卧状态直接摇绳完成一次俯卧撑跳吧。

记录下你的创新跳法并与同伴交流分享。

创新跳法 1

创新跳法 2

十、燕式平衡

（一）跳法简介

单摇过绳后，左脚向前一步落地，上体前倾，右腿后上举，抬头挺胸，两臂持绳并侧举，绳体中间位置挂在左脚背，呈燕式平衡。

图 5–10

（二）技术要领

1. 跳过绳子后呈燕式平衡动作要迅速，且保持身体平稳。

2. 左脚挂绳位置要准确，支撑脚脚趾抓地，整套动作协调连贯。

（三）练习提示

1. 原地燕式平衡练习，逐步加大分腿角度和后腿抬起高度。

2. 起跳落地呈燕式平衡动作练习。

3. 完整练习时，把握后上举脚挂绳的时机。

（四）创新小提示

开动脑筋，大胆尝试，看看哪些体操动作可以融入跳绳。

记录下你的创新跳法并与同伴交流分享。

创新跳法 1

创新跳法 2

十一、勾脚缠绕

（一）跳法简介

以左脚踩绳为例。双手持绳打开，左脚踩绳，右脚跨过绳子，小腿以膝关节为轴，向内侧顺时针旋转，缠绕一周落地支撑。左脚向前一小步，左手顺势向前摇绳至脚下，右侧腿不动，左脚抬腿过绳，缠绕便解开。

图 5-11

（二）技术要领

1. 缠绕脚穿过绳后向外顺时针绕圈。

2. 动作衔接连贯自然。

（三）练习提示

1. 单腿站立练习。

2. 徒手练习腿部画圆动作。

（四）创新小提示

勾脚缠绕在打开的时候可以配合上转身的动作，或者配合不同缠绕打开方式。

记录下你的创新跳法并与同伴交流分享。

创新跳法 1

创新跳法 2

十二、钓鱼接绳

（一）跳法简介

以右手持绳为例。将左手侧绳柄抛于身体前方地面处，右手握绳柄，顺（逆）时针匀速绕一个大圆。当绳体牵动绳柄的一瞬间，右手快速向上提拉绳子。当绳柄离开地面运行至体前时，左手找准时间抓住绳柄。

图 5-12

（二）技术要领

1. 顺时针画圆时尽量保证圆的饱满。

2. 将绳放直，用前臂和手腕的力量将绳提起。

（三）练习提示

1. 徒手练习手臂拉绳时的位置和角度。

2. 原地拉绳练习。

（四）创新小提示

在并脚跳的过程中也可以加入抛接绳柄的练习。

记录下你的创新跳法并与同伴交流分享。

创新跳法1：单手抛接绳柄。

创新跳法2：将绳子缠绕到身上。

第二节 双人花式

本节讲解一带一同步跳。

（一）跳法简介

两人面对面站立，其中一人持绳，摇至即将打地时，两人同时起跳过绳，连续完成若干次。

（二）技术要领

1. 两人面对面站立，相距40cm左右。

2. 摇绳人在绳即将打地时手臂前伸，保障绳子在无绳人的脚跟后方打地。

（三）练习提示

1. 两人手拉手面对面站立，练习同步跳节奏。

2. 持绳练习同步跳。

3. 做完整动作时注意两人站立的距离，无绳同学跳的节奏与摇绳同学一致。

（四）创新小提示

无绳同学跳的动作可以加入旋转跳或者变化脚步动作来创意出不同的跳法，尽情和家人或者好朋友一起去探索吧。

记录下你的创新跳法并与同伴交流分享。

创新跳法1

创新跳法2

小常识：一带一同步跳是双人花式中的基本跳法，对于提高同伴间合作意识有很好的帮助。

第三节 多人花式

本节讲解长绳进出跳。

（一）跳法简介

两人相对站立，摇动长绳，摇绳人站立的距离调整为长绳摇动时中间位置刚刚打地为宜。当长绳摇至最高点时，跳绳同学进绳。跳若干次后，当绳子摇至最高点时跳出。

（二）技术要领

1. 摇绳人大臂带动小臂，摇绳速度均匀，且保持绳圈饱满，中间位置打地。

2. 长绳进与出的时机把握。

（三）练习提示

1. 摇绳人面对面站立，绳子摇动起来后观察并调整距离，保证打地的位置和绳子摇动的弧度饱满。

2. 跳绳同学练习把握正确的进绳时机。

3. 摇绳、跳绳同学相互配合，协同完成。

（四）创新小提示

长绳跳法很多，和你自己的好朋友一起去探索吧。

记录下你的创新跳法并与同伴交流分享。

创新跳法1

创新跳法2

小常识：长绳跳考验的是摇绳人与跳绳人的配合，在进行较难长绳花式练习的时候，摇绳人的意识往往是保障成功完成动作的重要因素。

第四节 评 价 表

请填写表5-1和5-2。

表5-1 一级花式跳绳学习互评、自评表

花式 \ 评价		熟练掌握（互评）	基本掌握（互评）	仍在练习（互评）	自评语
单人	1.左右甩绳				
	2.并脚跳				
	3.开合跳				
	4.双脚交换跳				
	5.弓步跳				
	6.滑雪跳				
	7.勾脚点地跳				
	8.交叉跳				
	9.双手俯卧撑跳				
	10.燕式平衡				
	11.勾脚缠绕				
	12.钓鱼接绳				
双人	一带一同步跳				
多人	长绳进出跳				

表5-2 一级花式跳绳动作学习综合评价表

项目	内容	优	良	中	差	备注
		很好	可以达到	基本达到	没达到	
体能与运动技能	单摇跳的技术掌握情况					
	能够完成1分钟以上连续跳绳练习					
	在同学面前展示自己的花式动作					
	每天坚持参加体育锻炼					
	腿部力量、灵活性、协调性、柔韧性、反应能力、耐力改善					
体能与运动技能	喜欢了解和观看体育比赛					
	创编花式跳绳					
	自觉选择在安全的地方进行体育活动					
运动参与	在假期常参加体育活动					
	与别人合作完成双人、多人花式					
	能按照跳绳的方法进行练习					
	主动向跳得好的同学请教					
心理健康	体育游戏活动中展示自己的“绝活”					
	在体育活动或竞赛时感到紧张又兴奋					
	在体育比赛时，不受比赛失败的过多影响					
	在游戏或比赛时，同伴胜利了，祝贺他（们）；同伴失败了，鼓励他（们）					
	与比自己强的对手和比自己弱的对手比赛、游戏，心里一样的平静和充满自信					

续表

项目	内容	优	良	中	差	备注
		很好	可以达到	基本达到	没达到	
社会适应	喜欢参加集体的体育活动					
	在集体游戏或比赛中与同伴合作					
	说服亲人与自己进行跳绳活动，并把自己所学的知识传授给亲人					
	在陌生的地方进行体育活动时，了解周围环境的安全性，并能对安全程度做出正确的判断					
	在陌生的环境喜欢微笑待人，与人交流时不那么害羞					
	在他人进行跳绳等体育活动时，不妨碍活动的进行，并对精彩的表现以掌声鼓励					
	在游戏时，主动帮助水平较差和弱小的同学					

注：表格填写说明：

1. 以上表格所示内容，“优”等级是我们要学习的目标。如果你在该项达到“优”，则说明你在该项做得很棒。如果通过自查对照，显示“可以达到”“基本达到”“没达到”，则你在该阶段的学习还需努力。

2. 在自评时，用铅笔在对应的空格里写上时间。以后每两周进行一次自评，学期结束时，对照一下你的各项学习目标，从“没达到”到“很好”之间的过程用了多长时间？然后填在备注栏。

|第六章| 二级花式跳绳

一、学习目标

（一）能掌握多种脚步变化以及双人合作跳短绳的基本动作方法。活动中乐于练习，勤于思考，敢于展示自我。

（二）能了解跳绳活动对人体的锻炼作用，通过花式跳绳练习，发展协调、灵敏、耐力等身体素质。

（三）能主动与同伴合作学练，积极进取，持之以恒，乐于分享跳绳的体验与成果。

二、二级花式跳绳动作汇总表

花式名称		动作简介
单人	1.弹踢跳	并脚站立。摇绳至脚下时，单脚起跳过绳，同时另一只脚折叠弹踢。左右交替进行，一拍一动
	2.吸腿跳	并脚站立。持绳前摇，当绳摇至脚下时，一脚提膝高抬，另一脚跳跃过绳。左右交替循环
	3.钟摆跳	并脚站立。摇绳至脚下时，双脚起跳过绳，同时一侧腿伸直外摆，另一侧单腿支撑于地面。再次过绳后，摆动腿回撤，支撑腿向外摆动。依次轮换
	4.踏步跳	双手持绳置于体后。在做踏步起跳的瞬间摇绳过脚，一拍一动，左右轮换。跳绳的过程中，脚步动作与原地踏步走动作类似
	5.交叉步跳	双脚起跳过绳后呈交叉步落地。当再次过绳后，还原成并脚跳，依次前后交叉轮换，一拍一动，完成交叉步跳

续表

花式名称		动作简介
单人	6.侧甩前摇跳	双手持绳，摇向身体一侧。当绳子打地后，甩至头顶最高点时，双手打开前摇绳过脚。接着当绳子甩至头顶最高点时，双手将绳摇向身体另一侧，再次完成前摇过脚
	7.后交叉跳	并脚站立。双手持绳，由体前向后摇。当绳子摇至最高点时，双臂顺势提前交叉，与前交叉手臂动作基本一致，绳子呈交叉状态跳过。当绳子过脚摇至接近最高点时，双手打开，呈后直摇动作
	8.前后摇转换跳	双手持绳前摇，双脚并拢跳过后，降低摇绳速度，同时身体向一侧旋转180度。当绳子摇至头顶最高点时，向后摇绳成后摇跳。完成后摇跳后，身体再转180度。当绳子再次摇至最高点时，变为前摇跳
	9.箭步跳	以先跳左箭步为例。当绳子摇至脚下即将打地时，双脚起跳过绳后，空中前后分腿，左腿在前，右腿在后落地支撑。绳子第二次摇至即将打地时，双脚起跳过绳，两腿位置互换落地支撑。依次轮换
	10.前滚翻跳	此跳法分为3拍来讲解。 第1拍：双手持绳置于体后，向前摇绳后，屈膝半蹲，重心前移，双手撑于地面。 第2拍：屈膝，低头，含胸，提臀，两腿蹬地，头的后部着垫，依次经颈、背、腰、臀向前滚动。 第3拍：当滚至背部着垫时迅速收腹，屈膝起立后，完成一次单摇
	11.手臂缠绕	双手持绳并脚站立，绳置于体后。将绳向前摇至身体左侧，绳子缠绕左侧小臂一周后移至身体右侧，解除缠绕。两臂位置交换，绳子由后向前缠绕右手小臂，移至身体左侧，解除缠绕
	12.交叉单手放绳	双手持绳，完成基本交叉跳后，当绳摇至最高点时，保持交叉动作的某一侧手顺势向上、向身体内侧轻抛绳柄，同时另一侧手还原，抛绳手准确快速抓住抛起的绳柄，再完成一次单摇
双人	双人并排跳	两人并排站立，使用一条跳绳并分别用外侧手持绳柄，同步摇绳，一摇一跳
多人	长绳“∞”字跳	两人相对站立摇长绳。跳绳者排好队伍，鱼贯从一侧跑入，跳一次后从另一侧跑出。跳绳人的跑动路线围绕两个摇绳人形成“∞”字形

第一节　单人花式

一、弹踢跳

（一）跳法简介

并脚站立。摇绳至脚下时，单脚起跳过绳，同时另一只脚折叠弹踢。左右交替进行，一拍一动。

图6-1

（二）技术要领

1. 做弹踢动作时，弹踢脚充分折叠后向前踢出，脚尖绷直。

2. 起跳高度刚刚过绳即可，注意弹踢节奏。

（三）练习提示

1. 双手叉腰练习弹踢动作。

2. 持绳练习时注意摇绳与跳的配合，做到一摇一跳，一屈一踢。

3. 注意前脚掌落地支撑，熟练掌握跳动时机。

（四）创新小提示

尝试着行进间或者改变弹踢方向和高度来改编花式。

记录下你的创新跳法并与同伴交流分享。

创新跳法1：弹踢跳+异侧跨下交叉跳。

创新跳法2：变换方位的弹踢跳。

二、吸腿跳

（一）跳法简介

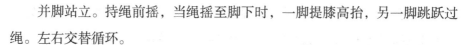

并脚站立。持绳前摇，当绳摇至脚下时，一脚提膝高抬，另一脚跳跃过绳。左右交替循环。

图6-2

（二）技术要领

1. 提膝腿大腿与地面平行，小腿自然下垂，脚尖下压。

2. 掌握正确的节奏：支撑脚起跳的同时，用力提膝高抬。

（三）练习提示

1. 徒手练习吸腿跳动作。

2. 持绳高抬腿跳练习，感受起跳脚与提膝脚配合。

3. 持绳练习单侧吸腿跳动作，单侧熟练后再左右轮换。

（四）创新小提示

你还能想到哪些脚步变换的花式跳法？不妨拿起跳绳尝试下吧。

记录下你的创新跳法并与同伴交流分享。

创新跳法1：弹踢跳+吸腿跳。

创新跳法2：吸腿跳+后屈腿跳。

三、钟摆跳

（一）跳法简介

并脚站立。摇绳至脚下时，双脚起跳过绳，同时一侧腿伸直外摆，另一侧单腿支撑于地面。再次过绳后，摆动腿回撤，支撑腿向外摆动。依次轮换。

图6-3

（二）技术要领

1. 把握好摆腿时机，过绳后向侧面摆腿。

2. 注意做钟摆跳时身体重心的变化，保持身体平衡。

（三）练习提示

1. 徒手练习钟摆跳动作。

2. 单手持绳练习钟摆跳。

3. 完整动作练习时，注意外摆腿的角度不宜过大。

（四）创新小提示

尝试着改变摇绳方式来创编新花式。

记录下你的创新跳法并与同伴交流分享。

创新跳法1：交叉侧甩+钟摆跳。

创新跳法2：手臂缠绕+钟摆跳。

四、踏步跳

（一）跳法简介

双手持绳置于体后。在做踏步起跳的瞬间摇绳过脚，一拍一动，左右轮换。跳绳的过程中，脚步动作与原地踏步走动作类似。

图6-4

（二）技术要领

1. 踏步跳抬腿不宜过高，脚步柔和弹动。

2. 把握准确的过绳时机，跳的过程中避免双脚同时起跳或同时着地。

（三）练习提示

1. 原地踏步走练习。

2. 踏步跳，抬起一只脚后，支撑脚屈膝小跳，左右轮换。

3. 持绳单次踏步跳练习，熟练后再连续练习，重点体会过绳时机与节奏。

（四）创新小提示

齐步走和跑步走，可否与跳绳结合呢？

记录下你的创新跳法并与同伴交流分享。

创新跳法1：基础花样（弹踢跳—钟摆跳—钟摆跳—踏步跳）。

创新跳法2：踏步跳+单手放绳。

五、交叉步跳

（一）跳法简介

双脚起跳过绳后呈交叉步落地。当再次过绳后，还原成并脚跳，依次前后交叉轮换，一拍一动，完成交叉步跳。

图6-5

（二）技术要领

1. 把握好起跳时机，过绳后再做交叉步。

2. 保持匀速的摇绳节奏。

（三）练习提示

1. 双手叉腰练习原地交叉步的脚步动作。

2. 持绳练习前后交叉步的落地动作。

3. 完整动作练习时，注意下落时膝盖缓冲落地。

（四）创新小提示

交叉步能与交叉跳连贯起来吗？

记录下你的创新跳法并与同伴交流分享。

创新跳法1：双脚交叉侧勾点地跳。

创新跳法2：交叉步与单摇交叉直摇跳结合。

六、侧甩前摇跳

（一）跳法简介

双手持绳，摇向身体一侧。当绳子打地后，甩至头顶最高点时，双手打开前摇绳过脚。接着当绳子甩至头顶最高点时，双手将绳摇向身体另一侧，再次完成前摇过脚。

图6-6

（二）技术要领

1. 侧甩接前摇跳的时机为绳子甩至最高点时。

2. 侧甩时配合轻微屈膝动作。

（三）练习提示

1. 徒手练习动作节奏。

2. 持绳练习侧甩后，双手打开摇绳过脚。

（四）创新小提示

侧甩可以与我们学过的多种脚步变换花式相结合，也可以侧甩+交叉跳或侧甩直双摇跳。

记录下你的创新跳法并与同伴交流分享。

创新跳法1

创新跳法2

小常识：侧甩前摇花式是甩绳与跳结合的最基本跳法。

七、后交叉跳

（一）跳法简介

并脚站立。双手持绳，由体前向后摇。当绳子摇至最高点时，双臂顺势提前交叉，与前交叉手臂动作基本一致，绳子呈交叉状态跳过。当绳子过脚摇至接近最高点时，双手打开，呈后直摇动作。

图6-7

（二）技术要领

1. 绳子交叉与打开都是跳过身体后迅速进行的。

2. 双手做交叉动作的时候，尽量超过身体的宽度。

（三）练习提示

1. 持空绳柄或徒手练习体前挥臂交叉动作。

2. 持绳练习连续的后交叉摇绳并通过。

3. 完整动作练习时注意后交叉与打开的时机把握和动作的协调连贯。

（四）创新小提示

尝试改变摇绳方向，或后摇交叉接其他学过的花式跳法。

记录下你的创新跳法并与同伴交流分享。

创新跳法1

创新跳法2

八、前后摇转换跳

（一）跳法简介

双手持绳前摇，双脚并拢跳过后，降低摇绳速度，同时身体向一侧旋转180度。当绳子摇至头顶最高点时，向后摇绳成后摇跳。完成后摇跳后，身体再转180度。当绳子再次摇至最高点时，变为前摇跳。

图6-8

（二）技术要领

1. 控制摇绳速度，身体转动时，控制绳子在头顶最高点有短暂的滞留。

2. 前摇、后摇转换时，主要是手腕发力改变摇绳方向。

（三）练习提示

1. 徒手练习转身角度和节奏，同时手腕配合做摇绳动作。

2. 持绳练习摇至头顶最高点，保持绳子短暂停留。

3. 完整动作练习时注意3拍节奏为“快、慢、快”。

（四）创新小提示

每次转身试着变换跳绳的脚步动作。

记录下你的创新跳法并与同伴交流分享。

创新跳法1：前后轮转跳+单手放绳。

创新跳法2：前后轮转跳接同侧胯下直摇跳。

小提示：摇绳节奏的变化练习会让你逐渐提高摇绳手感，慢慢会感觉到绳子就是你身体的一部分，挥动自如。

九、箭步跳

（一）跳法简介

以先跳左箭步为例。当绳子摇至脚下即将打地时，双脚起跳过绳后，空中前后分腿，左腿在前，右腿在后落地支撑。绳子第二次摇至即将打地时，双脚起跳过绳，两腿位置互换落地支撑。依次轮换。

图6-9

（二）技术要领

1. 注意向左、右跳动时，上体配合腰部的摆动使身体始终成直线。

2. 向左、右跳的幅度不宜过大，避免屈膝太深，保持双脚并拢。

（三）练习提示

1. 双手叉腰，原地箭步跳练习。

2. 持绳练习左、右箭步落地支撑动作。

3. 完整动作练习时，要注意箭步落地时膝盖积极弯曲缓冲。

（四）创新小提示

尝试一下改变箭步跳方向和节奏并探索与其他脚步动作相组合。

记录下你的创新跳法并与同伴交流分享。

创新跳法1

创新跳法2

十、前滚翻跳

（一）跳法简介

此跳法分为3拍来讲解。

第1拍：双手持绳置于体后，向前摇绳后，屈膝半蹲，重心前移，双手撑于地面。

第2拍：屈膝，低头，含胸，提臀，两腿蹬地，头的后部着垫，依次经颈、背、腰、臀向前滚动。

第3拍：当滚至背部着垫时迅速收腹，屈膝起立后，完成一次单摇。

图6-10

（二）技术要领

1. 头的后部先着垫。

2. 保持核心收紧。

（三）练习提示

1. 徒手前滚翻接摇绳练习。

2. 持绳前滚翻接摇绳练习。

3. 注意动作的美观。

（四）创新小提示

尝试一下后滚翻跳吧。

记录下你的创新跳法并与同伴交流分享。

创新跳法1

创新跳法2

注意：滚翻类动作有一定的危险性，需要在相对柔软的场地或垫子上练习。如果还没有熟练掌握，就要在老师或者同伴正确帮扶下进行练习。

十一、手臂缠绕

（一）跳法简介

双手持绳并脚站立，绳置于体后。将绳向前摇至身体左侧，绳子缠绕左侧小臂一周后移至身体右侧，解除缠绕。两臂位置交换，绳子由后向前缠绕右手小臂，移至身体左侧，解除缠绕。

图6-11

（二）技术要领

1. 远端手臂缠绕手腕摇绳。

2.解除缠绕后，迅速换手进行缠绕。

（三）练习提示

1.徒手练习伸出手臂的位置和角度，并配合手腕转动摇绳动作。

2.持绳练习单方向缠绕与解除。

3.反复练习解除缠绕与交换手之间的衔接。

（四）创新小提示

手臂缠绕可以与转身动作相结合。

记录下你的创新跳法并与同伴交流分享。

创新跳法1：背后颈后缠绕转身。

创新跳法2：胯下缠绕。

十二、交叉单手放绳

（一）跳法简介

双手持绳，完成基本交叉跳后，当绳摇至最高点时，保持交叉动作的某一侧手顺势向上、向身体内侧轻抛绳柄，同时另一侧手还原，抛绳手准确快速抓住抛起的绳柄，再完成一次单摇。

图6-12

（二）技术要领

1. 放开绳柄时不可太过于用力，

2. 交换手时两臂不能发生碰撞。

（三）练习提示

1. 原地交叉抛接绳柄练习。

2. 连续交叉跳练习。

3. 完整练习时，掌握交叉跳与抛接绳的连接动作。

（四）创新小提示

尝试一下连续交叉换手放绳跳吧。

记录下你的创新跳法并与同伴交流分享。

创新跳法 1

创新跳法 2

第二节　双 人 花 式

本节讲解双人并排跳。

（一）跳法简介

两人并排站立，使用一条跳绳并分别用外侧手持绳柄，同步摇绳，一摇一跳。

（二）技术要领

1. 两人摇绳节奏要相同。

2. 两人起跳高度尽量保持一致。

（三）练习提示

1. 两人手拉手并排站立，练习同步跳。

2. 两人分开练习单手摇绳跳。

3. 完整动作练习时可以共同喊拍子。

（四）创新小提示

两人站位可以同向，也可以异向，还可以加入转身、换手等动作。

记录下你的创新跳法并与同伴交流分享。

创新跳法1

创新跳法2

第三节 多人花式

本节讲解长绳“∞”字跳。

（一）跳法简介

两人相对站立摇长绳。跳绳者排好队伍，鱼贯从一侧跑入，跳一次后从另一侧跑出。跳绳人的跑动路线围绕两个摇绳人形成“∞”字形。

（二）技术要领

1. 摇绳人节奏平稳，高度适宜。

2. 进绳和出绳后的跑动位置尽量贴近摇绳人。

（三）练习提示

1. 练习进绳跳多次后跑出。

2. 长绳静止放在地上，跳绳人练习跑“∞”字路线。

3. 熟练后练习连续跳，即绳子每打地一次都有一人跳过。

（四）创新小提示

长绳“∞”字跳可以尝试跑入和跑出，即跑“空绳”练习，还可以尝试多人单次过绳的跳法。

记录下你的创新跳法并与同伴交流分享。

创新跳法1

创新跳法2

小常识：10人长绳“∞”字跳是竞技跳绳比赛的一个常用项目，较高水平的队伍3分钟可以完成500次以上。

第四节 评 价 表

请填写表6-1和6-2。

表6-1 二级花式跳绳学习互评、自评表

花式＼评价		熟练掌握（互评）	基本掌握（互评）	仍在练习（互评）	自评语
单人	1.弹踢跳				
	2.吸腿跳				
	3.钟摆跳				
	4.踏步跳				
	5.交叉步跳				
	6.侧甩前摇跳				
	7.后交叉跳				
	8.前后摇转换跳				
	9.箭步跳				
	10.前滚翻跳				
	11.手臂缠绕				
	12.交叉单手放绳				
双人	双人并排跳				
多人	长绳“∞”字跳				

表6-2 二级花式跳绳动作学习综合评价表

项目	内容	优	良	中	差	备注
		很好	可以达到	基本达到	没达到	
体能与运动技能	熟练各种步伐变化的跳绳动作					
	当跳得累时，有坚持练习的意志					

续表

项目	内容	优	良	中	差	备注
		很好	可以达到	基本达到	没达到	
体能与运动技能	鼓励同伴共同克服困难，学习花式跳法					
	每节体育课都能认真对待，积极参与活动					
	柔韧性、灵活性、协调性、力量、反应能力、耐力改善					
	想要学会更多的花式跳法					
	根据提示创编新的花式跳法					
运动参与	自觉选择在安全的地方进行体育活动					
	在假期常参加体育活动					
	积极报名参加比赛并且鼓励同伴一起参加					
	越来越喜欢参与花式跳绳表演与展示					
	能按照跳绳的方法进行练习					
	有计划参加各项体育运动					
心理健康	敢于向周围人展示自己的花式跳法					
	在体育活动或竞赛时能够全身心投入					
	在体育比赛时，不受比赛失败的过多影响					
	在游戏或比赛时，同伴胜利了，祝贺他（们）；同伴失败了，鼓励他（们）					
	与比自己强的对手和比自己弱的对手比赛、游戏，心里一样的平静和充满自信					

续表

项目	内容	优	良	中	差	备注
		很好	可以达到	基本达到	没达到	
社会适应	喜欢参加集体的体育活动					
	在集体游戏或比赛中与同伴合作					
	说服亲人与自己进行跳绳活动，并把自己所学的知识传授给亲人					
	在陌生的地方进行体育活动时，了解周围环境的安全性，并能对安全程度做出正确的判断					
	在陌生的环境参加比赛或体育活动时遵守规则并且能够发挥出自己的水平					
	在他人进行跳绳等体育活动时，不妨碍活动的进行，并对精彩的表现以掌声鼓励					
	在游戏时，主动帮助水平较差和弱小的同学					

注：表格填写说明：

1. 以上表格所示内容，“优”等级是我们要学习的目标。如果你在该项达到“优”，则说明你在该项做得很棒了。如果通过自查对照，显示“可以达到”“基本达到”“没达到”，则你在该阶段的学习还需努力。

2. 在自评时，用铅笔在对应的空格里写上时间。以后每两周进行一次自评，学期结束时，对照一下你的各项学习目标，从“没达到”到“很好”之间的过程用了多长时间？然后填在备注栏。

第七章 三级花式跳绳

一、学习目标

（一）能够完成基本的双摇跳动作，掌握复杂脚步变化和特殊交叉的单人花式，探索更多的双人、多人花式跳法。

（二）发展弹跳力和协调性，提高摇绳能力，能够和同学共同创造新的花式跳法。

（三）培养自觉学习、自觉锻炼及与人合作的意识，激发参与体育运动的热情，为终身参与体育奠定基础。

二、三级花式跳绳动作汇总表

花式名称		动作简介
单人	1.异侧胯下直摇跳	双臂同时向身体右侧摇绳，同时抬高右腿。当绳子即将打地时，左右顺势将绳柄伸到右侧膝盖下方摇绳，身体成单左脚支撑，跳过绳子。顺利跳过绳子后，可以接交叉或者直摇动作还原
	2.异侧胯下交叉跳	身体直立，从后往前交叉摇绳。当绳子摇至最高点时，抬某一侧腿至大腿与地面平行，异侧手顺势放在抬起一侧腿的膝下，与另一侧手交叉摇绳并跳过
	3.前后空打	两脚开立持绳，身体向一侧旋转，顺势前摇绳侧打地。随后身体回转，翻转手腕向后侧方摇绳打地，绳子只前后侧打，身体不跳过绳子
	4.敬礼跳	双手持绳由后向前摇。绳子摇至最高点时，右侧手经体前向左交叉，同时左侧手背到身体后侧与前侧手形成前后交叉。双手尽量贴近身体，双手交叉，绳柄前端位置略宽于身体，过绳后还原
	5.同侧胯下交叉跳	并脚站立。前摇绳，同侧手外侧交叉，抬高大腿的同时尽量保持身体直立。外侧交叉手幅度要大，同侧手放在同侧腿膝盖后方，两手交叉后保持摇绳动作，直到绳子甩到头顶。跳过绳子再打开两手，同时放下抬起的脚，双脚落地

续表

花式名称		动作简介
单人	6.同侧胯下直摇跳	两手持绳前摇。当绳子摇至最高点时，一侧腿向侧前方提膝，保持大腿与地面平行，小腿和脚踝内收。同侧手顺势放到膝盖下方，手腕发力摇绳，支撑脚单足跳过。为了保证身体姿态，尽量往上抬腿。做动作时，两手应保持在同一水平线上
	7.双摇跳	双手持绳前摇，跳起后绳子快速绕身体两周后落地，即每起跳一次绳子摇过脚下两周
	8.侧甩交叉跳	双手持绳侧甩，当绳甩至最高点时，最外侧的手臂内扣呈体前交叉姿势，摇绳过脚。完成一次交叉跳后，绳子处于头顶最高点时，另侧手臂外翻，带动绳子在另一侧空甩打地
	9.半蹲跳	双手持绳于身体两侧，肘关节贴紧腰间，重心放在两脚之间。上半身直立，大腿自然弯曲，身体高度保持身高的2/3以内，身体放松。抓握绳柄中部，从后往前摇绳，原地跳起。落地时屈膝缓冲，变回半蹲姿势
	10.双手侧手翻	双手持绳，做侧手翻动作。落地时双手五指张开，用食指和拇指捏住绳柄。完成侧手翻动作后，直摇跳过绳
	11.肩部缠绕	双手持绳前摇不过绳，待绳子摇到最高点时，一侧手伸直，另一侧手将绳柄放到同侧肩膀处，顺势将绳子缠绕在伸直一侧手臂和肩膀上。待缠绕上一至二圈后，反向摇绳也可以配合转身，将缠绕解开
	12.侧打放绳	双手持绳侧甩。待绳子侧打地后摇至最高点时，最外侧的手腕向斜上方轻抛绳柄。当绳柄高于内侧手时，顺势接回，并直摇过绳
双人	双人风车跳	两人并排站立，使用一条跳绳，并分别用外侧手持绳柄。绳子启动后摇向其中一人脚下并跳过，当绳子摇至头顶最高点时，再摇向另外一人并跳过
多人	三角形长绳跳	三人持相同长度的三条长绳围成三角形，同时向内或向外侧摇绳。跳绳同学可多人参与，跳过一条绳后，绕过一名摇绳同学再跳进另外一条绳。依次跳完三条绳

第一节　单人花式

一、异侧胯下直摇跳

（一）跳法简介

双臂同时向身体右侧摇绳，同时抬高右腿。当绳子即将打地时，左手顺势将绳柄伸到右侧膝盖下方摇绳，身体成单左脚支撑，跳过绳子。顺利跳过绳子后，可以接交叉或者直摇动作还原。

图7-1

（二）技术要领

1. 摇绳手的绳柄放在异侧腿部膝盖后方。

2. 起跳时身体重心直立保持平衡。

3. 跳过后，手腕带动绳子可通过侧甩回归正常跳绳姿势。

（三）练习提示

1. 无绳练习动作路线。

2. 通过无绳练习后，再进行有绳练习踩绳动作。

3. 路线成熟后动作放松，摇绳柔和，尝试跳跃过绳。

（四）创新小提示

尝试改变摇绳方式会有哪些花式？

记录下你的创新跳法并与同伴交流分享。

创新跳法1：跳过绳子后接缠绕或通过侧甩变成基本交叉回位。

创新跳法2：跳过绳子后接转身倒摇。

二、异侧胯下交叉跳

（一）跳法简介

身体直立，从后往前交叉摇绳。当绳子摇至最高点时，抬某一侧腿至大腿与地面平行，异侧手顺势放在抬起一侧腿的膝下，与另一侧手交叉摇绳并跳过。

图7-2

（二）技术要领

1. 手臂交叉时机与抬脚时机相同。

2. 跳过绳子后，手腕发力摇绳过脚。

（三）练习提示

1. 徒手练习抬腿放手交叉动作，形成动作定型。

2. 有绳练习踩绳动作熟练后，开始有绳起跳。

3. 掌握交叉起跳及打开方法。

（四）创新小提示

尝试改变摇绳方式会有哪些花式？

记录下你的创新跳法并与同伴交流分享。

创新跳法1

创新跳法2

三、前后空打

（一）跳法简介

两脚开立持绳，身体向一侧旋转，顺势前摇绳侧打地。随后身体回转，翻转手腕向后侧方摇绳打地，绳子只前后侧打，身体不跳过绳子。

图7-3

（二）技术要领

1. 保证两手在同一水平线上，身体直立，前后交叉的手贴近身体手腕摇绳。

2. 身体后侧的手用手腕带动手柄往上发力。

（三）练习提示

1. 两手手腕往上摇绳，避免绳子偏向某一侧或者在空中掉落。

2. 初学者两手发力往往会有问题。可以尝试固定前后交叉跳来试验两手的发力，同时也可以训练手腕，用两手的前臂带动手腕，使绳子始终处在正向前方。

（四）创新小提示

前后空打花式配合脚步移动可以变化出很多新花式。

记录下你的创新跳法并与同伴交流分享。

创新跳法1

创新跳法2

四、敬礼跳

（一）跳法简介

双手持绳由后向前摇。绳子摇至最高点时，右侧手经体前向左交叉，同时左侧手背到身体后侧与前侧手形成前后交叉。双手尽量贴近身体，双手交叉，绳柄前端位置略宽于身体，过绳后还原。

图7-4

（二）技术要领

1. 提膝与侧点地的动作要轻快且富有弹性。

2. 各拍的衔接要连贯。

（三）练习提示

1. 双手叉腰，练习提膝侧点脚步动作。

2. 持绳，练习单侧脚的提膝点地。

3. 提膝，大腿与地面保持平行即可，点地动作到位且使用脚尖点地。

（四）创新小提示

尝试改变前交叉手的位置，创编新的花式跳法。

记录下你的创新跳法并与同伴交流分享。

创新跳法1

创新跳法2

五、同侧胯下交叉跳

（一）跳法简介

并脚站立。前摇绳，同侧手外侧交叉，抬高大腿的同时尽量保持身体直立。外侧交叉手幅度要大，同侧手放在同侧腿膝盖后方，两手交叉后保持摇绳动作，直到绳子甩到头顶。跳过绳子再打开两手，同时放下抬起的脚，双脚落地。

图7-5

（二）技术要领

1. 手臂交叉时机与抬脚时机相同。

2. 跳过绳子后，手摇腕出绳。

（三）练习提示

1. 徒手练习抬腿放手交叉动作，形成动作定型。

2. 有绳练习踩绳动作熟练后，开始有绳起跳。

3. 掌握交叉起跳及打开方法。

4. 完整动作练习时，起跳高度不宜过高。

（四）创新小提示

尝试同侧胯下交叉跳和缠绕、力量等相结合创编花式跳法。

记录下你的创新跳法并与同伴交流分享。

创新跳法1：跳完同侧胯下交叉跳后接俯卧撑。

创新跳法2：跳完同侧胯下交叉跳后把同侧脚放下变成缠绕。

六、同侧胯下直摇跳

（一）跳法简介

两手持绳前摇。当绳子摇至最高点时，一侧腿向侧前方提膝，保持大腿与地面平行，小腿和脚踝内收。同侧手顺势放到膝盖下方，手腕发力摇绳，支撑脚单足跳过。为了保证身体姿态，尽量往上抬腿。做动作时，两手应保持在同一水平线上。

图7-6

（二）技术要领

1. 两手摇绳抬起一侧腿，同侧手放置胯下做交叉。

2. 熟练有绳动作轨迹，保证绳子不会偏向某一侧，放大交叉手的幅度，同侧腿做胯下动作。

（三）练习提示

1. 徒手练习动作。

2. 非交叉手靠近身体，避免绳子跑偏，胯下的手保持手柄水平。

3. 跳完做侧甩的时候，注意交叉手控制住绳子。

（四）创新小提示

尝试不侧甩打开或接异侧胯下交叉进行创编花式。

记录下你的创新跳法并与同伴交流分享。

创新跳法1：跳完同侧胯下直摇连续跳过两次，变成胯下直摇缠绕。

创新跳法2：跳完同侧胯下直摇跳后，转换成异侧胯下交叉。两个动作相互转换，变成新花样。

七、双摇跳

（一）跳法简介

双手持绳前摇，跳起后绳子快速绕身体两周后落地，即每起跳一次绳子摇过脚下两周。

图7－7

（二）技术要领

1. 改变一摇一跳的节奏习惯，学会手腕快速抖动摇绳。

2. 使用的绳子不能过长，摇起后高出头顶20cm左右为宜。

（三）练习提示

1. 单个双摇跳练习。

2. 双摇＋单摇＋双摇组合练习。

3. 连续双摇跳练习时注意节奏的把握。

（四）创新小提示

尝试改变摇绳的方向，给自己加点难度。

记录下你的创新跳法并与同伴交流分享。

创新跳法1：侧甩接双摇跳。

创新跳法2：双摇过程中起跳一次，落地前完成一次直摇和一次交叉。

小常识：双摇跳是竞技跳绳比赛中的主要项目，高手30秒内可以跳80～90次双摇。

八、侧甩交叉跳

（一）跳法简介

双手持绳侧甩，当绳甩至最高点时，最外侧的手臂内扣呈体前交叉姿势，摇绳过脚。完成一次交叉跳后，绳子处于头顶最高点时，另侧手臂外翻，带动绳子在另一侧空甩打地。

图7-8

（二）技术要领

1. 甩绳变交叉时，手臂内扣时机的把握。

2. 绳子在身体哪一边侧甩，交叉时哪边手臂在上。

（三）练习提示

1. 徒手练习完成动作。

2. 单侧侧甩接交叉练习。

3. 侧甩及交叉时，上臂自然下垂，靠小臂和手腕控制绳子摇动。

（四）创新小提示

尝试配合学过的脚步和变换甩绳方向探索新跳法。

记录下你的创新跳法并与同伴交流分享。

创新跳法1：侧甩顺势后转变成侧甩后，转交叉跳。

创新跳法2：侧甩顺势抬起同侧脚或异侧脚，变成侧甩同侧交叉跳，或侧甩异侧胯下交叉跳。

九、半蹲跳

（一）跳法简介

双手持绳于身体两侧，肘关节贴紧腰间，重心放在两脚之间。上半身直立，大腿自然弯曲，身体高度保持身高的2/3以内，身体放松。抓握绳柄中部，从后往前摇绳，原地跳起。落地时屈膝缓冲，变回半蹲姿势。

图7-9

（二）技术要领

1. 手腕快速摇绳，双脚半蹲起跳，起跳结束后缓冲变成半蹲。

2. 双脚自然开立，起跳后双腿自然伸直，落地呈90°~120°。

（三）练习提示

1. 原地半蹲跳练习。

2. 带绳模拟摇绳，轻微起跳。

3. 连续跳练习时注意节奏的把握。

（四）创新小提示

尝试改变摇绳速度，给自己加点难度会有另外一种花样。

记录下你的创新跳法并与同伴交流分享。

创新跳法1：左右侧甩半蹲跳。

创新跳法2：半蹲双摇跳。

十、双手侧手翻

（一）跳法简介

双手持绳，做侧手翻动作。落地时双手五指张开，用食指和拇指捏住绳柄。完成侧手翻动作后，直摇跳过绳。

图7-10

（二）技术要领

1. 双手落地时，手心缓冲保留空心，手臂伸直，双腿自然伸直往上。

2. 做动作时腰腹发力，保持平衡。

（三）练习提示

1. 靠墙摆倒立。

2. 在倒立基础上练习侧倒腿部。

3. 在队友保护与帮助下，原地尝试基础侧手翻动作。

（四）创新小提示

尝试配合学过的体操动作或力量动作，改变摇绳方向，探索新跳法。

记录下你的创新跳法并与同伴交流分享。

创新跳法1：双手侧手翻跳过后，可以接俯卧撑、兔跳等力量动作。

创新跳法2：双手侧手翻跳过后，可以接正反多摇，把双手侧手翻作为衔接前后两组多摇的动作。

温馨小提示：还未掌握徒手侧手翻的时候，需要有人进行保护与帮助。做动作的时候要稳住自己的重心。落地时候要注意均匀发力，不可瞬间落地。

十一、肩部缠绕

（一）跳法简介

双手持绳前摇不过绳，待绳子摇到最高点时，一侧手伸直，另一侧手将绳柄放到同侧肩膀处，顺势将绳子缠绕在伸直一侧手臂和肩膀上。待缠绕上一至二圈后，反向摇绳也可以配合转身，将缠绕解开。

图7-11

（二）技术要领

1. 一手伸直摇绳，一手放在肩膀处不要摇绳，学会手腕快速抖动摇绳。

2. 抓住绳子中部，不宜抓过长，绳柄放在肩膀腋下附近为宜。

（三）练习提示

1. 单摇姿态起步练习。

2. 摇绳绕绳练习。

（四）创新小提示

尝试在解开缠绕时给自己加点难度，尝试跳过去。

记录下你的创新跳法并与同伴交流分享。

创新跳法1：肩部缠绕解开后，可以接前滚翻、侧手翻等体操类动作。

创新跳法2：肩部缠绕解开后，可以接放绳或限制位交叉等动作。

十二、侧打放绳

（一）跳法简介

双手持绳侧甩。待绳子侧打地后摇至最高点时，最外侧的手腕向斜上方轻抛绳柄。当绳柄高于内侧手时，顺势接回，并直摇过绳。

图7-12

（二）技术要领

1. 侧打放绳时，外侧手放绳时注意轻放。

2. 摇绳手摇绳，控制绳子在身体一侧做圆周运动，绳柄不能着地。

（三）练习提示

1. 先从不放绳开始练习，原地摇绳画圈，用一个绳柄控制另外一个绳柄画圈。

2. 单侧侧打甩绳，不用太过用力。

3. 放绳后内侧手小臂和手腕控制绳子摇动。

（四）创新小提示

尝试配合学过的缠绕和变换甩绳方向，探索新跳法。

记录下你的创新跳法并与同伴交流分享。

创新跳法1：侧打放绳后可以在放绳那一瞬跳起，空中将绳柄进行旋转。落地之前接住绳柄进行跳跃，或者落地后抓住绳柄进行跳跃。这样的侧打放绳难度变成多摇，提升了难度。

创新跳法2：侧打放绳后顺时针在异侧掭回来，逆时针在同侧掭回来，连续两次后接绳回归正常位置。

第二节 双人花式

本节讲解双人风车跳。

（一）跳法简介

两人并排站立，使用一条跳绳，并分别用外侧手持绳柄。绳子启动后摇向其中一人脚下并跳过，当绳子摇至头顶最高点时，再摇向另外一人并跳过。

（二）技术要领

1. 绳子摇至其中一人脚下时跳过，另外一人不动。

2. 掌握好换人跳的时机，注意摇绳连续、美观。

（三）练习提示

1. 两人摇绳一人跳，连续跳多次后再换另一人练习。

2. 摇绳完整动作练习，注意先慢跳，熟练后换人跳的时机。

（四）创新小提示

摇绳同学和跳绳同学通过摇绳变换、位置变换等，可以跳出很多种花式。

记录下你的创新跳法并与同伴交流分享。

创新跳法1：两人面对面，同时跳跃。摇绳手不变，摇绳方向一人往前摇绳，一人往后摇绳。

创新跳法2：两人同时摇绳，起跳的人在身前做单手交叉，另一个摇绳者帮起跳者做另外一个单手交叉。

第三节　多人花式

本节讲解三角形长绳跳。

（一）跳法简介

三人持相同长度的三条长绳围成三角形，同时向内或向外侧摇绳。跳绳同学可多人参与，跳过一条绳后，绕过一名摇绳同学再跳进另外一条绳。依次跳完三条绳。

（二）技术要领

1. 摇绳同学的摇绳速度要同步。

2. 跳绳同学无论进与出的时机都是长绳打地后摇至最高点时。

（三）练习提示

1. 三人摇绳的配合练习。

2. 跳绳同学练习逆时针方向、顺时针方向两种不同的进绳技术。

3. 连续过绳时，进绳动作不宜过大，以免撞到对面摇绳人。

（四）创新小提示

除了三角形，摇多条长绳还能组成哪些形状？。

记录下你的创新跳法并与同伴交流分享。

创新跳法1：多条跳绳交叉在一起，中心是交叉点。摇绳者围成一个圈摇绳，跳绳者在中间交叉点跳绳。

创新跳法2：3条长绳组成品字形站位，往同一个方向摇绳。最外边两个摇绳者不用跳，里面的摇绳者边摇绳边跳。

第四节 评 价 表

请填写表7-1和7-2。

表7-1 三级花式跳绳学习互评、自评表

花式 \ 评价		熟练掌握（互评）	基本掌握（互评）	仍在练习（互评）	自评语
单人	1. 异侧胯下直摇跳				
	2. 异侧胯下交叉跳				
	3. 前后空打				
	4. 敬礼跳				
	5. 同侧胯下交叉跳				
	6. 同侧胯下直摇跳				
	7. 双摇跳				
	8. 侧甩交叉跳				
	9. 半蹲跳				
	10. 双手侧手翻				
	11. 肩部缠绕				
	12. 侧打放绳				
双人	双人风车跳				
多人	三角形长绳跳				

表7-2　三级花式跳绳动作学习综合评价表

项目	内容	优	良	中	差	备注
		很好	可以达到	基本达到	没达到	
体能与运动技能	双摇跳的技术掌握					
	能够连续跳绳2分钟以上					
	连续完成8个以上的花式跳法					
	每天坚持参加体育锻炼					
	柔韧性、灵活性、协调性、力量、反应能力、耐力改善					
	和同伴进行双摇跳比赛					
	创编花式跳绳					
	自觉选择在安全的地方进行体育活动					
运动参与	在假期常参加体育活动					
	积极报名参加比赛并且鼓励同伴一起参加					
	会请家人在网上找一些跳绳比赛的视频观看					
	能按照跳绳的方法进行练习					
	有计划参加各项体育运动					
心理健康	在体育游戏活动中展示自己的“绝活”					
	在体育活动或竞赛时感到信心十足					
	在体育比赛时，不受比赛失败的过多影响					
	在游戏或比赛时，同伴胜利了，祝贺他（们）；同伴失败了，鼓励他（们）					
	与比自己强的对手和比自己弱的对手比赛、游戏时，心里一样平静和充满自信					

续表

项目	内容	优	良	中	差	备注
		很好	可以达到	基本达到	没达到	
社会适应	喜欢参加集体的体育活动					
	在集体游戏或比赛中与同伴合作					
	说服亲人与自己进行跳绳活动，并把自己所学的知识传授给亲人					
	在陌生的地方进行体育活动时，了解周围环境的安全性，并能对安全程度做出正确的判断					
	在陌生的环境参加比赛或体育活动，能够全身心地投入，并且能够发挥出自己的水平					
	在他人进行跳绳等体育活动时，不妨碍活动的进行，并对精彩的表现给予掌声鼓励					
	在游戏时，主动帮助水平较差和弱小的同学					

注：表格填写说明：

1. 以上表格所示内容，“优”等级是我们要学习的目标。如果你在该项达到“优”，则说明你在该项做得很棒了。如果通过自查对照，显示“可以达到”“基本达到”“没达到”，则你在该阶段的学习还需努力。

2. 在自评时，用铅笔在对应的空格里写上时间。以后每两周进行一次自评，学期结束时，对照一下你的各项学习目标，从“没达到”到“很好”之间的过程用了多长时间？然后填在备注栏里。

| 第八章 | 四级花式跳绳

一、学习目标

1. 掌握交叉变换、摇绳方向变换、简单放绳接绳柄、基本胯下动作以及基本双摇交叉动作。

2. 通过花式跳绳学习，发展学生腿部力量，增强体能，促进身体健康和生长发育。

3. 激发学生乐于锻炼身体的热情，培养积极进取的精神，敢于克服困难的勇气。

二、四级花式跳绳动作汇总表

花式名称		动作简介
单人	1. 单摇龙花跳	又称交替交叉单摇跳。双手持绳前摇，第一拍为两手交叉摇绳过脚，第二拍当绳子摇至头顶最高点时，交换双手第一拍交叉时的上下位置，然后摇绳过脚
	2. 胯下膝后直摇跳	双手持绳前摇，身体前倾。绳子打地的同时，双手摇至膝后并保持打开，手腕发力将绳子摇回体前，双脚跳过绳子
	3. 交叉双摇	并脚直立，双手持绳前摇。交叉摇绳过脚后，顺势快速打开直摇，再次过脚后落地支撑。也就是起跳腾空一次，绳子交叉和直摇各过脚一次
	4. 双手单腿胯下交叉跳	以左侧胯下交叉跳为例。双手持绳自然站立，摇绳至头顶最高点时，左脚提膝高抬，同时双手顺势伸在左腿膝盖下方，做交叉动作摇绳，右脚单脚起跳过绳

续表

花式名称		动作简介
单人	5. 异侧胯下前后交叉	自然站立，双手持绳向左侧甩。绳子打地时左侧手臂顺势背至体后，同时抬左腿至大腿与地面平行，右手伸至左腿膝下，呈前后交叉状态摇绳，右腿单脚跳过绳子，背后的手贴近身体，手腕旋转摇绳
	6.360° 转体单摇跳	双手持绳前摇侧甩，绳子打地后，身体顺势向绳子运行方向旋转 180° 。绳子摇至最高点时变后摇，双脚过绳后，身体顺势再向同方向旋转 180° 。绳子摇至头顶最高点时成前摇跳过绳
	7. 侧打双摇	双手持绳，前摇至头顶上方时，双手合并摇绳侧甩，打地后双脚起跳，双手打开摇绳过脚两圈，即一个侧甩接一个双摇跳
	8. 同侧胯下前后交叉	双手持绳前摇，侧甩呈前后交叉动作。当绳子摇至最高点时，同侧大腿上抬与地面平行，同侧手伸到膝下摇绳，另一侧腿单脚起跳过绳。背后的手贴近身体，手腕旋转摇绳
	9. 单手俯卧撑跳	双手持绳前摇，摇绳至头顶时，顺势单手撑地呈蹲撑动作。绳子平稳落到地面后，双腿向后伸直，呈单手俯卧支撑，再还原到单手蹲撑。此时双手同时向前摇绳，双脚屈膝跳过
	10. 单手侧手翻	双手持绳前摇，双脚跳过后，接持绳单手侧手翻动作。单手五指张开，拇指和食指捏住绳柄。双脚落地后，再完成一次前摇跳
	11. 敬礼背后缠绕	以右手缠绕为例。绳子向前摇动在左边侧打，左手转到背后交叉位置，右手经侧打回到正常位置并伸直，引领绳子从后往前缠绕一圈，同时向左转身。接着右手顺时针摇绳，解开缠绕并起跳反摇过绳。利用前后空打回归正常跳绳位置
	12. 胯下跳放绳	双手持绳前摇，做同侧胯下直摇动作。过绳后当绳子摇至最高点时，膝下摇绳手向上轻抛绳柄，绳子打地前，再提前将绳柄抓住并完成摇绳过脚
双人	双人连锁跳	两人每人各持一条跳绳并排站立，相邻两只手互握对方绳柄，同步前摇绳，摇至脚下时，两人同时起跳过绳
多人	十字绳跳	两条长度相同的绳子中点重合，十字交叉摆放，四人分别站在四个绳柄位置，向同方向摇绳。跳绳同学在两条绳交叉的中点位置进绳跳

第一节 单人花式

一、单摇龙花跳

（一）跳法简介

又称交替交叉单摇跳。双手持绳前摇，第一拍为两手交叉摇绳过脚，第二拍当绳子摇至头顶最高点时，交换双手第一拍交叉时的上下位置，然后摇绳过脚。

图 8–1

（二）技术要领

1. 交换双手上下位置的时候手腕要灵活。

2. 手臂交叉动作与起跳的协调练习。

（三）练习提示

1. 徒手练习单摇龙花跳的基本技术。

2. 持绳放慢速度练习交叉换手动作。

3. 控制好摇绳节奏与过绳时机，注意前脚掌着地，屈膝缓冲。

（四）创新小提示

尝试与其他学过的脚步动作或者摇绳动作相结合。

记录下你的创新跳法并与同伴交流分享。

创新跳法1：龙花单摇跳的过程中加开合跳动作。

创新跳法2：侧打加龙花单摇，熟练后可以变成三摇。

小常识：听到“龙花”这个词你是否想到我们中华民族的龙文化，其实跳绳就是我国民族传统体育项目中的一类。

二、胯下膝后直摇跳

（一）跳法简介

双手持绳前摇，身体前倾。绳子打地的同时，双手摇至膝后并保持打开，手腕发力将绳子摇回体前，双脚跳过绳子。

图8-2

（二）技术要领

1. 摇绳往前降低身体，双手带动绳子经过胯下，手腕超出身体外侧。

2. 起跳过绳时向后收腿要高些，以免拌绳。

（三）练习提示

1. 熟悉胯下膝后手臂的动作。

2. 膝后手腕的摇绳练习，尽量用手腕发力。

3. 膝后手腕摇绳过绳的时机练习。

4. 起跳过绳后倒摇绳回原位。

（四）创新小提示

膝后动作可以与基本交叉结合，发挥自己的创造力去探索吧。

记录下你的创新跳法并与同伴交流分享。

创新跳法 1：把直摇跳变成交叉，就变成另外一种跳法（田鸡跳）。

创新跳法 2：跳过胯下膝后直摇跳抬脚出绳子，就变成一种缠绕。

三、交叉双摇

（一）跳法简介

并脚直立，双手持绳前摇。交叉摇绳过脚后，顺势快速打开直摇，再次过脚后落地支撑。也就是起跳腾空一次，绳子交叉和直摇各过脚一次。

图 8-3

（二）技术要领

1. 手臂快速交叉与打开的动作连续协调。

2. 摇绳与跳的节奏。

（三）练习提示

1. 徒手练习交叉打开动作。

2. 徒手配合起跳完成交叉打开动作，两次起跳间的节奏要清晰。

3. 持绳练习单次的交叉双摇跳动作。

4. 连续交叉双摇跳练习时，身体重心上提，落地后不可以屈膝过多或者采用蹲姿，否则下次起跳将无法达到理想高度。

（四）创新小提示

可不可以起跳后先做直摇再做交叉呢？

记录下你的创新跳法并与同伴交流分享。

创新跳法1：侧打一下起跳接交叉双摇。

创新跳法2：双摇交叉中，第一个交叉变成交叉侧打，然后转身变成倒摇交叉过绳。

小提示：一次起跳后，空中先完成直摇，再完成交叉，这样的跳法称作快花。如果先完成交叉，再完成直摇，也称作“扯花”。

四、双手单腿胯下交叉跳

（一）跳法简介

以右侧胯下交叉跳为例。双手持绳自然站立，摇绳至头顶最高点时，右脚提膝高抬，同时双手顺势伸在右腿膝盖下方，做交叉动作摇绳，左脚单脚起跳过绳。

图 8-4

（二）技术要领

1. 高抬大腿与地面平行。

2. 双手手臂从高抬起腿的膝后伸出，且外手臂外展摇绳。

（三）练习提示

1. 徒手胯下跳动作。

2. 胯下摇绳过脚练习。

3. 完整动作练习时注意抬腿与伸臂胯下摇绳的时机把握。

（四）创新小提示

胯下跳后如何接其他花式？只要用心探索你就会有新的发现。

记录下你的创新跳法并与同伴交流分享。

创新跳法 1：跳过去第一个双手单腿胯下交叉跳，跳第二个的时候不过绳子，直接把交叉解开，变成缠绕。

创新跳法 2：侧打一下接双手单腿胯下交叉跳。

五、异侧胯下前后交叉

（一）跳法简介

自然站立，双手持绳向左侧甩。绳子打地时左侧手臂顺势背至体后，同时抬左腿至大腿与地面平行，右手伸至左腿膝下，呈前后交叉状态摇绳，右腿单脚跳过绳子，背后的手贴近身体，手腕旋转摇绳。

图8-5

（二）技术要领

1. 摇绳侧打时，一手绳柄放背后，另外一手绳柄放异侧腿后。

2. 摇绳过腿的瞬间后手打开，胯下手8字外划，后手翻腕。

（三）练习提示

1. 徒手练习手部与脚步动作配合。

2. 持绳踩绳练习。

3. 完整动作练习时注意，每一下手都要画满圆圈，灵活控制绳子的节奏。

（四）创新小提示

改变抬起的脚，或者跳一下，另外两下只过绳不跳，或许有新的发现。

记录下你的创新跳法并与同伴交流分享。

创新跳法1：侧打时起跳接异侧胯下前后交叉，跳完后打开再跳一个单摇，变成异侧胯下前后交叉跳三摇。

创新跳法2：左边异侧胯下前后交叉做完立刻通过侧打做右边异侧胯下前后交叉，变成一个步伐类动作。

六、360° 转体单摇跳

（一）跳法简介

双手持绳前摇侧甩，绳子打地后，身体顺势向绳子运行方向旋转180°。绳子摇至最高点时变后摇，双脚过绳后，身体顺势再向同方向旋转180°。绳子摇至头顶最高点时成前摇跳过绳。

图8-6

（二）技术要领

1. 提高控绳能力，使甩绳配合身体的转动。

2. 当绳子侧甩打地后，身体旋转360°，与绳子再次前摇至头顶同时完成。

（三）练习提示

1. 练习甩绳与转身配合。

2. 徒手练习完整动作。

3. 绳子打地后，再次摇起时避免在空中打卷。

4. 摇绳时大臂自然下垂，小臂配合手腕旋转摇绳。

（四）创新小提示

改变转身角度或完成转身以后改变跳的动作，都可以创编出新的花式跳法。

记录下你的创新跳法并与同伴交流分享。

创新跳法1：从左边跳过360° 转体单摇，再加一个单摇后，从右边跳360° 回原位。

创新跳法2：左右侧打360° 转体单摇。

七、侧打双摇

（一）跳法简介

双手持绳，前摇至头顶上方时，双手合并摇绳侧甩，打地后双脚起跳，双手打开摇绳过脚两圈，即一个侧甩接一个双摇跳。

图8-7

（二）技术要领

1. 起跳时机的掌握。

2. 侧甩转为双摇跳的摇绳技巧。

（三）练习提示

1. 练习侧甩接单摇跳，熟悉摇绳线路和手脚配合。

2. 单个侧甩接双摇跳练习，注意起跳的时机和摇绳节奏。

3. 完整动作练习时起跳要保持一定的高度，落地时前脚掌着地，且充分屈膝缓冲。

(四)创新小提示

还有哪些甩绳动作可以和双摇结合?

记录下你的创新跳法并与同伴交流分享。

创新跳法1:侧打时转身,双摇变成倒双摇。

创新跳法2:左右侧打双摇跳。

八、同侧胯下前后交叉

(一)跳法简介

双手持绳前摇,侧甩呈前后交叉动作。当绳子摇至最高点时,同侧大腿上抬与地面平行,同侧手伸到膝下摇绳,另一侧腿单脚起跳过绳。背后的手贴近身体,手腕旋转摇绳。

图8-8

(二)技术要领

1. 双手做侧甩绳,打地时一手在体后,一手在体前,与同侧腿交叉,身体站直,大腿抬高。

2. 做动作时注意前后手尽量贴近身体,打开时往上往前发力。

(三)练习提示

1. 徒手练习手与脚动作配合。

2. 持绳踩绳练习,切记上身不要弯太多,胯下手不要过度伸展。

3. 完整动作练习时注意后手要摇绳,双手高度不宜过大。

（四）创新小提示

结合缠绕和力量动作或许有新的发现。

记录下你的创新跳法并与同伴交流分享。

创新跳法1：跳过一个同侧胯下前后交叉后，跳第二个的时候不过绳子，直接变成正常位，产生缠绕。

创新跳法2：侧打时跳起接同侧胯下前后交叉，变成侧打同侧胯下前后交叉双摇。

九、单手俯卧撑跳

（一）跳法简介

双手持绳前摇，摇绳至头顶时，顺势单手撑地呈蹲撑动作。绳子平稳落到地面后，双腿向后伸直，呈单手俯卧支撑，再还原到单手蹲撑。此时双手同时向前摇绳，双脚屈膝跳过。

图8-9

（二）技术要领

1. 单手落地支撑时要肘关节固定，不可过度弯曲。

2. 屈肘推手的同时，收腹、提膝、收腿呈蹲撑，也同时从前往后摇绳过脚。

（三）练习提示

1. 练习双手俯卧撑跳动作。

2. 无绳单手俯卧撑跳动作。

3. 有绳完整动作练习时，注意收腹部和收腿的时机把握好。

（四）创新小提示

单手俯卧撑跳动作后，试一下做另一个力量动作，你会有新的发现。

记录下你的创新跳法并与同伴交流分享。

创新跳法 1：单手俯卧撑落地，肘关节顺势触地，变成另外一种单手俯卧跳。

创新跳法 2：单手俯卧撑落地，另外一只手通过摆动使身体转 360°，变成单手俯卧撑 360° 转体跳跃。

十、单手侧手翻

（一）跳法简介

双手持绳前摇，双脚跳过后，接持绳单手侧手翻动作。单手五指张开，拇指和食指捏住绳柄。双脚落地后，再完成一次前摇跳。

图 8-10

（二）技术要领

1. 摇绳单手落地时，一手绳柄放背后，另外一手绳柄落地。

2. 摆腿落地期间，单手支撑不能弯曲肘关节，单脚落地后推手起立。

（三）练习提示

1. 徒手练习双手侧手翻。

2. 单手持双绳柄侧手翻练习。

3. 完整动作练习时，注意摆腿和腰腹发力支撑的节奏。

（四）创新小提示

单手侧手翻动作后如何接其他花式？只要用心探索，你会有新的发现。

记录下你的创新跳法并与同伴交流分享。

创新跳法1：单手侧手翻起立时接缠绕。

创新跳法2：单手侧手翻起来后接倒摇。

十一、敬礼背后缠绕

（一）跳法简介

以右手缠绕为例。绳子向前摇动在左边侧打，左手转到背后交叉位置，右手经侧打回到正常位置并伸直，引领绳子从后往前缠绕一圈，同时向左转身。接着右手顺时针摇绳，解开缠绕并起跳反摇过绳。利用前后空打回归正常跳绳位置。

图 8-11

（二）技术要领

1. 提高控绳能力，使甩绳配合身体的转动。

2. 绳子侧甩打地后，左手转到背后交叉位置，右手经侧打回到正常位置，并伸直做缠绕。

（三）练习提示

1. 练习甩绳与转身配合。

2. 徒手练习完整动作。

3. 绳子打地后，再次摇起时避免在空中打卷。

4. 摇绳时右手大臂自然伸直，并配合手腕旋转摇绳。

（四）创新小提示

敬礼背后缠绕打开后，接放绳或其他学过的动作，都可以创编出新的花式跳法。

记录下你的创新跳法并与同伴交流分享。

创新跳法 1：敬礼背后缠绕后打开，接一个异侧胯下前后交叉。

创新跳法 2：敬礼背后缠绕后解开绳子出来时，变成双摇出绳。

十二、胯下跳放绳

（一）跳法简介

双手持绳前摇，做同侧胯下直摇动作。过绳后当绳子摇至最高点时，膝下摇绳手向上轻抛绳柄，绳子打地前，再提前将绳柄抓住并完成摇绳过脚。

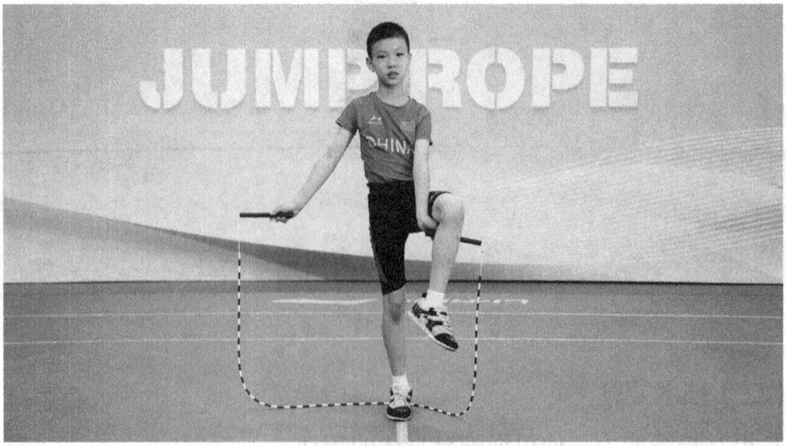

图 8-12

（二）技术要领

1. 放绳时机的掌握。

2. 放绳手将绳柄略向上抛，为再次接回绳柄争取足够时间。

（三）练习提示

1. 练习侧甩接放绳，熟悉接放绳技巧。

2. 单手拿两个绳柄，感受动作顺序和摇绳节奏。

3. 完整动作练习时，放绳、抓绳要注意节奏的把握，落地时过绳屈膝缓冲。

（四）创新小提示

结合缠绕放绳和放绳后再接多摇，都可以创编出新的花式跳法。

记录下你的创新跳法并与同伴交流分享。

创新跳法1：胯下放绳接回后，接交叉跳或双摇。

创新跳法2：胯下放绳子后变成正常单摇姿势接绳子。

第二节　双人花式

本节讲解双人连锁跳。

（一）跳法简介

两人每人各持一条跳绳并排站立，相邻两只手互握对方绳柄，同步前摇绳，摇至脚下时，两人同时起跳过绳。

（二）技术要领

1. 两人使用的绳子长度尽量相同，并排站立相距20cm左右。

2. 注意摇绳速度要同步，相邻的两只手尽量处于同一高度。

（三）练习提示

1. 两人各持一绳练习同步单摇跳。

2. 反复连锁持绳练习，同时摇绳至脚下，迈过绳子。

3. 大臂与小臂保持固定姿势，尽量使用手腕摇绳。

（四）创新小提示

双人连锁跳除了基本的前摇跳外，还可以交叉跳。和自己的好朋友一起尝试下吧。

记录下你的创新跳法并与同伴交流分享。

创新跳法1：在双人连锁正常摇绳跳的基础上加入弓步、开合等步伐类跳跃。

创新跳法2：双人连锁一人正常跳跃，一人由内往外转圈跳跃，完成一个花样。

第三节 多人花式

本节讲解十字绳跳。

（一）跳法简介

两条长度相同的绳子中点重合，十字交叉摆放，四人分别站在四个绳柄位置，向同方向摇绳。跳绳同学在两条绳交叉的中点位置进绳跳。

（二）技术要领

1. 摇绳人确保两条绳子速度相同，高度相同。

2. 跳绳人正对两条长绳的交叉点位置，寻找两条绳顺时针或者逆时针同时摇向自己的时机跳入。

（三）练习提示

1. 摇绳人控制好距离，以绳子中心位置打地为准。

2. 进绳人把绳子交叉的中间点看作是一条绳子在摇动，然后尝试进绳。

3. 进绳或出绳的跑动要快。

（四）创新小提示

根据十字绳跳的启发，你还能组合出哪些图形？

记录下你的创新跳法并与同伴交流分享。

创新跳法1：绳网跳跃，在十字的基础上增加若干条绳子，跳绳者进去跳跃，摇绳者统一从一个方向往另一个方向摇绳。

第四节 评 价 表

请填写表8-1和8-2。

表8-1 四级花式跳绳学习互评、自评表

花式 \ 评价		熟练掌握（互评）	基本掌握（互评）	仍在练习（互评）	自评语
单人	1.单摇龙花跳				
	2.胯下膝后直摇跳				
	3.交叉双摇				
	4.双手单腿胯下交叉跳				
	5.异侧胯下前后交叉				
	6.360°转体单摇跳				
	7.侧打双摇				
	8.同侧胯下前后交叉				
	9.单手俯卧撑跳				
	10.单手侧手翻				
	11.敬礼背后缠绕				
	12.胯下跳放绳				
双人	双人连锁跳				
多人	十字绳跳				

表8-2 四级花式跳绳动作学习综合评价表

项目	内容	优 很好	良 可以达到	中 基本达到	差 没达到	备注
体能与运动技能	交叉跳的技术					
	能够连续跳绳2分钟以上					
	在同伴面前示范并能评价同伴的技术动作					
	每天坚持参加体育锻炼					
	柔韧性、灵活性、协调性、力量、反应能力、耐力改善					
	连续完成多个交叉跳花式					
	创编4种以上交叉跳花式					
	自觉选择在安全的地方进行体育活动					
运动参与	在假期常参加体育活动					
	积极报名参加比赛并且鼓励同伴一起参加					
	对自己的花式跳绳动作不断规范					
	能按照跳绳的方法进行练习					
	有计划参加各项体育运动					
心理健康	在体育游戏活动中展示自己的“绝活”					
	在体育活动或竞赛时感到紧张又兴奋					
	在体育比赛时，不受比赛失败的过多影响					
	在游戏或比赛时，同伴胜利了，祝贺他（们）；同伴失败了，鼓励他（们）					
	与比自己强的对手和比自己弱的对手比赛、游戏时，心里一样平静和充满自信					

续表

项目	内容	优	良	中	差	备注
		很好	可以达到	基本达到	没达到	
社会适应	喜欢参加集体的体育活动					
	在集体游戏或比赛中与同伴合作					
	说服亲人与自己进行跳绳活动，并把自己所学的知识传授给亲人					
	在陌生的地方进行体育活动时，了解周围环境的安全性，并能对安全程度做出正确判断					
	在陌生的环境参加比赛或体育活动，能够全身心投入，并且能够发挥出自己的水平					
	在他人进行跳绳等体育活动时，不妨碍活动的进行，并对精彩的表现给予掌声鼓励					
	在游戏时，主动帮助水平较差和弱小的同学					

注：表格填写说明：

1. 以上表格所示内容，“优”等级是我们要学习的目标。如果你在该项达到“优”，则说明你在该项做得很棒了。如果通过自查对照，显示“可以达到”“基本达到”“没达到”，则你在该阶段的学习还需努力。

2. 在自评时，用铅笔在对应的空格里写上时间。以后每两周进行一次自评。学期结束时，对照一下你的各项学习目标，从“没达到”到“很好”之间的过程用了多长时间？然后填在备注栏里。

|第九章| 五级花式跳绳

一、学习目标

1. 掌握复杂交叉跳动作，以及控绳能力，熟练掌握不同姿势和方法的摇绳技巧。

2. 通过花式跳绳学习，充分发展学生的身体素质，锻炼全身小肌肉群力量，以及培养良好的节奏感。

3. 培养学生自觉参与和学习花式跳绳的意识，发展与同伴间的沟通与合作能力，增强团队意识和集体荣誉感。

二、五级花式跳绳动作汇总表

花式名称		动作简介
单人	1. 背后交叉跳	双手持绳前摇跳过后，绳再次摇向头顶上方的过程中，双手背后交叉向前摇绳并跳过
	2. 固定交叉双摇跳	又称“凤花”。双手持绳置于体后，向前摇绳起跳腾空的同时，双手体前交叉，快速摇绳过脚两周
	3. 膝后前后交叉跳	绳子往前摇做前后交叉侧甩的同时下蹲，体后的手放置膝后，体前的手放置腿前，使绳子摇过头顶。当绳子打在体前地面时双脚起跳，跳过绳子后两手回到原来位置，身体往上直立
	4. 颈后前后交叉跳	双手持绳置于体后，向前摇绳起跳腾空的同时两手均贴近身体，一手置于颈后，一手置于体前，做颈后前后交叉动作跳过绳子
	5. 颈后胯下异侧交叉跳	身体保持直立，双手持绳置于体后，向前摇绳，一大腿往上抬起，异侧手脚做交叉，另一手颈后交叉。绳子打地时单脚跳过绳子，过绳后还原开始动作

续表

花式名称		动作简介
单人	6.前后交叉双摇跳	双手持绳置于体后，向前摇绳侧打变成前后交叉摇绳动作，同时起跳，快速摇绳过脚两周后落地
	7.膝后交叉跳	完成此花式需要过绳两次。双手持绳自然站立，向前摇绳的同时弯腰屈膝，上体贴大腿起跳过绳后，两手膝后交叉向前摇绳，绳摇至脚下时再次起跳过绳
	8.分腿膝下交叉跳	双手持绳前摇，同时分腿弯腰。绳子经胯下摇向头顶上方的同时，两手由腿内侧向膝下交叉摇绳至脚下，然后两脚合并起跳过绳
	9.前撑	双手持绳向前伸直撑地，由一只脚带动另外一只脚向后上方抬起，然后两脚落地
	10.毽子跳	向前助跑，右脚蹬地跳起。起跳时提左膝，双臂向上伸直，双手依次撑地。当双脚在空中时，以身体的一侧为轴，两脚并拢，身体向左转身90°，直体后翻落地
	11.胯下缠绕	绳子向前摇动，打地时左手从内侧将绳柄放在左膝后方，抬起右腿过绳。右手摇第三圈时抬起左腿解开缠绕，绳子往右侧甩。再往左侧甩，抬右脚形成胯下交叉，打开起跳过绳
	12.双手抛接绳	手持绳，向后摇绳。当绳子摇至体前时松开双手，让绳子在空中旋转360°。在额前双手接住绳子，顺势往后摇绳跳过
双人	双人车轮跳	两人并排站立，持绳方法与双人连锁跳相同。两条绳轮番前摇打地，其中一条绳打地时，另一条绳摇至头顶上方。跳绳人轮番完成起跳过绳
多人	彩虹绳	此花式需要长、中、短三条绳，长绳和中绳各两人摇，短绳一人摇。持长绳两人面对面站立，长绳里再有两人持中绳相对站立，中绳里面再一人持短绳站立。所有跳绳同步、同速摇起，长绳里面的三人完成起跳过绳

第一节　单人花式

一、背后交叉跳

（一）跳法简介

双手持绳前摇跳过后，绳再次摇向头顶上方的过程中，双手背后交叉向前摇绳并跳过。

图 9-1

（二）技术要领

1. 双手后交叉，两手腕间的距离要大于身体宽度。

2. 双手背后交叉点位于腰部，不宜太高或太低。

（三）练习提示

1. 徒手练习后交叉的基本动作。

2. 用稍长些的跳绳练习后交叉跳。

3. 完整动作练习时，完成后交叉跳时，起跳屈腿动作要稍大些，以免拌绳。

（四）创新小提示

学会站姿的背后交叉跳后，尝试着蹲姿可否完成背后交叉跳。

记录下你的创新跳法并与同伴交流分享。

创新跳法 1：尝试前后交叉侧甩接背后交叉跳。

创新跳法 2：尝试连续八拍的直摇接背后交叉跳。

提示：背后交叉跳是一个很容易失误的动作。确保动作正确的前提下，大量重复强化训练是提高成功率最有效的方法。

二、固定交叉双摇跳

（一）跳法简介

又称“凤花”。双手持绳置于体后，向前摇绳起跳腾空的同时，双手体前交叉，快速摇绳过脚两周。

图9-2

（二）技术要领

1. 体前固定交叉要充分利用手腕发力，快速摇绳。

2. 起跳后保持较高的腾空高度，为交叉摇绳过脚两圈争取足够时间。

（三）练习提示

1. 空摇绳练习固定交叉跳节奏。

2. 持绳固定交叉动作手腕摇绳练习。

3. 完整动作练习时，注意双脚起跳落地后充分屈膝缓冲。

（四）创新小提示

尝试着把交叉双摇跳与学过的其他双摇进行组合。

记录下你的创新跳法并与同伴交流分享。

创新跳法1：尝试侧甩接固定交叉双摇跳。

创新跳法2：尝试固定双摇跳接固定交叉双摇跳。

提示：龙花与凤花都是我国民间对跳绳动作的命名，可见跳绳项目在我国有着深厚的群众基础。

三、膝后前后交叉跳

（一）跳法简介

绳子往前摇做前后交叉侧甩的同时下蹲，体后的手放置膝后，体前的手放置腿前，使绳子摇过头顶。当绳子打在体前地面时双脚起跳，跳过绳子后两手回到原来位置，身体往上直立。

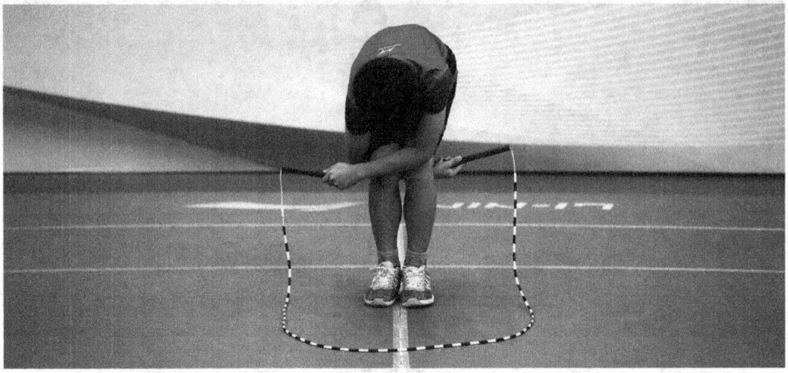

图9-3

（二）技术要领

1. 侧甩后弯腰下蹲低头，一手放置膝后，一手放置腿前。

2. 下蹲时充分利用前臂带动手腕摇绳。

（三）练习提示

1. 练习膝后前后交叉跳徒手动作。

2. 两手各持一条绳，膝后前后交叉摇绳练习。

3. 完整动作练习时，注意膝后交叉跳还原成前摇并脚跳的时机。

（四）创新小提示

尝试把此花式与学过的动作结合。

记录下你的创新跳法并与同伴交流分享。

创新跳法1：尝试敬礼跳接膝后前后交叉跳。

创新跳法2：尝试俯卧撑跳接膝后前后交叉跳。

提示：膝后前后交叉跳在单摇动作里面出现较多，多摇里面出现较少，并且在单摇里面也不太容易和其他动作连接。

四、颈后前后交叉跳

（一）跳法简介

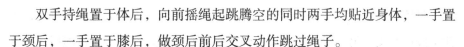

双手持绳置于体后，向前摇绳起跳腾空的同时两手均贴近身体，一手置于颈后，一手置于膝后，做颈后前后交叉动作跳过绳子。

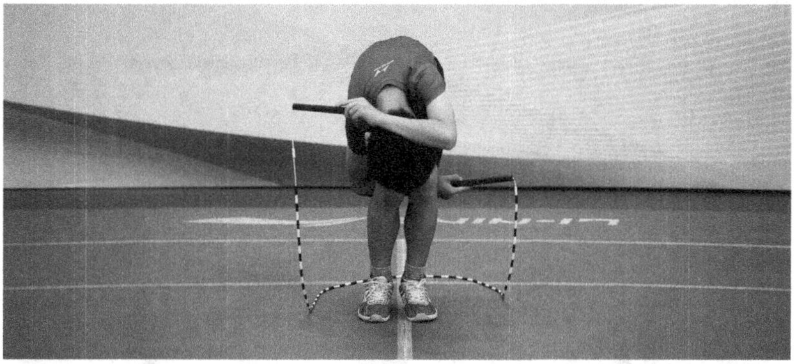

图9-4

（二）技术要领

1. 两手均贴近身体，颈后手的手腕略向下，体前的手尽量向下，让绳子尽可能低，过绳瞬间需要跳高。

2. 颈后、体前两手需格外平衡，不可以偏向一测。

（三）练习提示

1. 练习颈后前后交叉跳徒手动作。

2. 初学时略向下低头，给颈后手更大的空间。

3. 完整动作练习时，注意两手需格外平衡，过绳瞬间需要跳高。

（四）创新小提示

尝试把此花式与学过的动作结合。

记录下你的创新跳法并与同伴交流分享。

创新跳法1：尝试敬礼跳接颈后前后交叉跳。

创新跳法2：尝试颈后前后交叉跳接俯卧撑。

提示：颈后前后交叉跳在比赛中不太常见。练习时注意颈后手一定要规范到位，否则比赛中视为动作不到位不计难度。

五、颈后胯下异侧交叉跳

(一)跳法简介

身体保持直立，双手持绳置于体后，向前摇绳，一侧大腿往上抬起，异侧手脚做交叉，另一手颈后交叉。绳子打地时单脚跳过绳子，过绳后还原开始动作。

图 9–5

(二)技术要领

1. 往上抬大腿超过水平面，保证绳子过身体。

2. 异侧胯下交叉的手尽可能放低，颈后的手贴近身体，略微低头，颈后的手柄朝下，起跳时抬高颈后交叉的位置。

(三)练习提示

1. 练习颈后胯下异侧交叉跳徒手动作。

2. 初学时略向下低头、贴近身体，给颈后手更大的空间。

3. 完整动作练习时，注意大腿超过水平面，交叉时手腕摇绳。

(四)创新小提示

记录下你的创新跳法并与同伴交流分享。

创新跳法 1：尝试异侧胯下交叉跳接颈后胯下异侧交叉跳。

创新跳法 2：从颈后胯下异侧交叉跳，摸索尝试跳颈后胯下同侧交叉跳。

提示：大家发现没有，颈后胯下异侧交叉跳与之前学过的异侧胯下交叉跳很像，只是手部位置不一样。其实很多花式跳绳中很多动作都是这样。各位仔细观察，动动脑筋创编起来吧。

六、前后交叉双摇跳

（一）跳法简介

双手持绳置于体后，向前摇绳侧打变成前后交叉摇绳动作，同时起跳，快速摇绳过脚两周后落地。

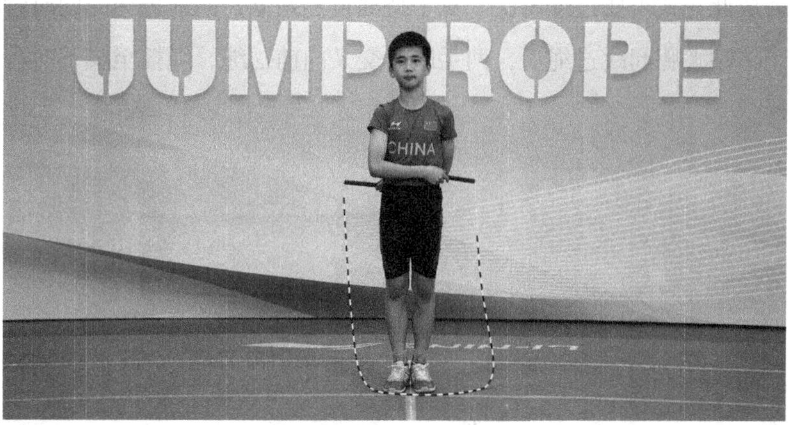

图 9-6

（二）技术要领

1. 前摇侧打变前后交叉摇绳动作的同时起跳。

2. 跳起的高度增加，手腕快速旋转摇绳。

（三）练习提示

1. 前后交叉姿势，双手各持一绳练习摇绳速度。

2. 持绳完整动作练习。

3. 起跳后身体放松，注意摇绳节奏的掌握。

（四）创新小提示

前后交叉双摇跳可以与许多学过的花式相结合。

记录下你的创新跳法并与同伴交流分享。

创新跳法1：尝试前后交叉双摇跳接固定交叉双摇跳。

创新跳法2：尝试前后交叉双摇跳接侧打直摇跳。

提示：前后交叉双摇跳是建立在固定双摇跳的基础上衍生出来的，记得把固定双摇跳练好。

七、膝后交叉跳

（一）跳法简介

完成此花式需要过绳两次。双手持绳自然站立，向前摇绳的同时弯腰屈膝，上体贴大腿起跳过绳后，两手膝后交叉向前摇绳，绳摇至脚下时再次起跳过绳。

图 9-7

（二）技术要领

1. 弯腰屈膝摇绳时，手臂前伸摇绳。
2. 落地后膝关节和前脚掌充分缓冲。

（三）练习提示

1. 弯腰屈膝跳过绳练习。
2. 膝后交叉摇绳练习。
3. 手脚动作协调，完成第一跳后迅速膝后交叉顺势向前摇绳。

（四）创新小提示

膝后交叉摇绳动作熟练后，尝试起跳一次完成此花式。

记录下你的创新跳法并与同伴交流分享。

创新跳法1：尝试侧甩接膝后交叉跳。

创新跳法2：尝试膝后交叉跳接俯卧撑。

提示：两手放体后的交叉比较考验身体协调性与柔韧性，在平时要多练习拉伸。

八、分腿膝下交叉跳

（一）跳法简介

双手持绳前摇，同时分腿弯腰。绳子经胯下摇向头顶上方的同时，两手由腿内侧向膝下交叉摇绳至脚下，然后两脚合并起跳过绳。

图 9-8

（二）技术要领

1. 前摇、弯腰、分腿这三个动作依次连贯完成。

2. 两手臂膝下交叉摇绳过头顶后，双腿并拢起跳。

（三）练习提示

1. 徒手练习此花式的完整动作。

2. 注意各动作的次序，手腕摇绳柔和且放松。

3. 起跳时机以绳子摇至脚下为准，注意动作节奏的掌握。

4. 落地后，前脚掌积极缓冲，同时低头，眼看脚尖。

（四）创新小提示

尝试胯下交叉接分腿膝下交叉两个花式组合。

记录下你的创新跳法并与同伴交流分享。

创新跳法 1：尝试连续分腿膝下交叉跳。

创新跳法 2：尝试分腿膝下交叉跳接倒摇。

提示：分腿膝下交叉跳身体姿态比较特殊，手腕摇绳需要多加练习。

九、前撑

（一）跳法简介

双手持绳向前伸直撑地，由一只脚带动另外一只脚向后上方抬起，然后两脚落地。

图 9-9

（二）技术要领

1. 双手同时伸直，手掌根部撑地，与肩同宽。

2. 利用腿部、腰部的力量，带动双手快速向后拉动绳子。

（三）练习提示

1. 初学者可以徒手靠墙练习此动作。

2. 注意双手必须同时伸直撑地，体会腿部、腰部发力。

3. 食指、拇指握绳，其余三指辅助。

（四）创新小提示

尝试前撑与其他花式组合。

记录下你的创新跳法并与同伴交流分享。

创新跳法1：尝试前撑在两脚落地之前双手向后拉动绳子。

创新跳法2：尝试侧甩接前撑。

提示：前撑考验人的力量与胆量，看看跳绳是不是特别有趣。

十、毽子跳

（一）跳法简介

向前助跑，右脚蹬地跳起。起跳时提左膝，双臂向上伸直，双手依次撑地。当双脚在空中时，以身体的一侧为轴，两脚并拢，身体向左转身90°，直体后翻落地。

图 9-10

（二）技术要领

1. 熟练掌握侧手翻动作。

2. 两脚落地把腿绷直。

（三）练习提示

1. 熟练掌握上步后的侧手翻动作。

2. 双手撑地后，尝试两腿在空中伸直并拢。

（四）创新小提示

尝试结合更多的花式动作。

记录下你的创新跳法并与同伴交流分享。

创新跳法1：尝试毽子跳落地，绳子顺势向后摇并跳过绳子。

创新跳法2：产生侧甩接毽子跳。

提示：毽子跳属于体操动作，花式跳绳结合体操和力量，是一项综合性很强的运动。

十一、胯下缠绕

（一）跳法简介

绳子向前摇动，打地时左手从内侧将绳柄放在左膝后方，抬起右腿过绳。右手摇第三圈时抬起左腿解开缠绕，绳子往右侧甩。再往左侧甩，抬右脚形成胯下交叉，打开起跳过绳。

图 9-11

（二）技术要领

1. 缠绕和打开缠绕需要多练，注意摇绳过头。

2. 熟练胯下交叉跳。

（三）练习提示

1. 徒手练习此动作。

2. 持绳熟悉动作轨迹。

3. 练习缠绕动作。

4. 练习打开缠绕动作。

（四）创新小提示

尝试与学习过的花样动作相结合。

记录下你的创新跳法并与同伴交流分享。

创新跳法1：尝试胯下直摇缠绕接固定双摇跳。

创新跳法2：尝试胯下直摇缠绕接俯卧撑。

提示：缠绕动作可与交叉、力量、放绳等结合，多动动小脑筋，创编不一样的动作吧。

十二、双手抛接绳

（一）跳法简介

手持绳，向后摇绳。当绳子摇至体前时松开双手，让绳子在空中旋转360°。在额前双手接住绳子，顺势往后摇绳跳过。

图9-12

（二）技术要领

1. 抛、接绳子的位置。

2. 抛、接绳子的时机。

（三）练习提示

1. 无绳徒手练习动作轨迹。

2. 有绳练习后摇抛绳动作。

3. 练习上抛额前接绳动作。

（四）创新小提示

尝试与学习过的花样动作相结合。

记录下你的创新跳法并与同伴交流分享。

创新跳法1：尝试双手抛接绳接侧甩。

创新跳法2：尝试双手抛接绳接交叉跳。

提示：抛接绳非常重视时机、位置的把控，要掌握这项技术需要大量练习。

第二节　双人花式

本节讲解双人车轮跳。

（一）跳法简介

两人并排站立，持绳方法与双人连锁跳相同。两条绳轮番前摇打地，其中一条绳打地时，另一条绳摇至头顶上方。跳绳人轮番完成起跳过绳。

（二）技术要领

1. 两人同侧手臂同步摇一条绳。

2. 两手臂轮番摇绳节奏要均匀，一条绳打地时另一条在头顶上方。

（三）练习提示

1. 两手各持一绳，原地摇绳练习。

2. 两人前后站立，同侧手共持一条跳绳，轮番前摇练习。

3. 两人并排站立，徒手练习同侧手臂同步摇绳。

4. 完整动作练习时，注意跳的节奏把握和起跳与摇绳配合。

（四）创新小提示

双人车轮跳可以配合转身和交叉动作完成新花式。

记录下你的创新跳法并与同伴交流分享。

创新跳法1

创新跳法2

第三节　多 人 花 式

本节讲解彩虹绳。

（一）跳法简介

此花式需要长、中、短三条绳，长绳和中绳各两人摇，短绳一人摇。持长绳两人面对面站立，长绳里再有两人持中绳相对站立，中绳里面再一人持短绳站立。所有跳绳同步、同速摇起，长绳里面的三人完成起跳过绳。

（二）技术要领

1. 摇绳速度要同步。

2. 长绳内的三人摇，同步起跳过绳。

（三）练习提示

1. 两人摇长绳，里面一人摇短绳练习。

2. 两人持中绳，练习摇绳打地后同时起跳。

3. 完整彩虹绳练习时注意摇绳和起跳的同步。

（四）创新小提示

尝试更多绳子的彩虹绳跳法。

记录下你的创新跳法并与同伴交流分享。

创新跳法1

创新跳法2

第四节 评 价 表

请填写表9–1和9–2。

表9-1 五级花式跳绳学习互评、自评表

花式 \ 评价		熟练掌握（互评）	基本掌握（互评）	仍在练习（互评）	自评语
单人	1.背后交叉跳				
	2.固定交叉双摇跳				
	3.膝后前后交叉跳				
	4.颈后前后交叉跳				
	5.颈后胯下异侧交叉跳				
	6.前后交叉双摇跳				
	7.膝后交叉跳				
	8.分腿膝下交叉跳				
	9.前撑				
	10.毽子跳				
	11.胯下缠绕				
	12.双手抛接绳				
双人	双人车轮跳				
多人	彩虹绳				

表9-2 五级花式跳绳动作学习综合评价表

项目	内容	优	良	中	差	备注
		很好	可以达到	基本达到	没达到	
体能与运动技能	各种交叉跳的技术掌握					
	当跳得很累时，有坚持练习的意志					
	在同伴面前示范并能评价同伴的技术动作					
	每天坚持参加体育锻炼					
	柔韧性、灵活性、协调性、力量、反应能力、耐力改善					
	喜欢了解和观看体育比赛					
	创编花式跳绳					
	自觉选择在安全的地方进行体育活动					
运动参与	在假期常参加体育活动					
	有自学花式跳绳的能力					
	对跳绳活动的兴趣不断增强					
	能按照跳绳的方法进行练习					
	有计划参加各项体育运动					
心理健康	在体育游戏活动中展示自己的“绝活”					
	在体育活动或竞赛时感到紧张又兴奋					
	在体育比赛时，不受比赛失败的过多影响					
	在游戏或比赛时，同伴胜利了，祝贺他（们）；同伴失败了，鼓励他（们）					
	与比自己强的对手和比自己弱的对手比赛、游戏时，心里一样平静和充满自信。					

续表

项目	内容	优	良	中	差	备注
		很好	可以达到	基本达到	没达到	
社会适应	喜欢参加集体的体育活动					
	在集体游戏或比赛中与同伴合作					
	说服亲人与自己进行跳绳活动，并把自己所学的知识传授给亲人					
	在陌生的地方进行体育活动时，了解周围环境的安全性，并能对安全程度做出正确判断					
	在陌生的环境参加比赛或体育活动时，能够全身心地投入，并且能够发挥出自己的水平					
	在他人进行跳绳等体育活动时，不妨碍活动的进行，并对精彩的表现给予掌声鼓励					
	在游戏时，主动帮助水平较差和弱小的同学					

注：表格填写说明：

1. 以上表格所示内容，“优”等级是我们要学习的目标。如果你在该项达到“优”，则说明你在该项做得很棒了。如果通过自查对照，显示“可以达到”“基本达到”“没达到”，则你在该阶段的学习还需努力。

2. 在自评时，用铅笔在对应的空格里写上时间，以后每两周进行一次自评。学期结束时，对照一下你的各项学习目标，从“没达到”到“很好”之间的过程用了多长时间？然后填在备注栏里。

第十章 六级花式跳绳

一、学习目标

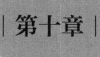

1. 熟练控制跳绳节奏，掌握腾空转体动作、基本三摇动作，结合体操、武术等动作发展创编花式的能力。

2. 通过花式跳绳的学习和练习，增强学生身体柔韧性、协调灵敏性，以及腾空跳跃能力。

3. 发展学生勇敢、机智、果断的优良品质，培养同学间友好合作、积极探索创新的精神以及美感。

二、六级花式跳绳动作汇总表

花式名称		动作简介
单人	1. 背后膝下交叉跳	完成此花式需起跳两次，双手持绳前摇过脚后，弯腰屈膝，一手贴背部，一手置于膝下，交叉前摇绳过脚
	2.360° 转体跳	两手持绳前摇侧打，绳子打地后顺势起跳转体，身体空中转 180° 时完成后摇跳一次，空中旋转 360° 后完成前摇跳一次，随后落地缓冲
	3. 交替交叉双摇跳	两手持绳前摇，起跳一次，双手轮换体前交叉摇绳过脚两次。即起跳一次左手在上交叉摇绳过脚一次，右手在上交叉摇绳过脚一次
	4. 三摇跳	两手持绳快速前摇，起跳后绳子摇过身体三周，随后落地缓冲
	5. 侧打固定交叉双摇跳	双手持绳前摇，向体侧打地的同时起跳，摇绳手变化成体前固定交叉动作，同时摇绳两次过脚
	6. 胯下交换交叉跳	由两拍动作组成。两手持绳前摇做胯下交叉跳，当绳子过脚摇至头顶后，膝下的手不动，体前的手向左、右甩绳打地，绳子甩向哪边哪侧脚落地支撑，同时另一只脚抬起

续表

花式名称		动作简介
单人	7.坐姿跳	双腿伸直坐在地面，上体正直。将跳绳的两支手柄握在一只手中，握绳手贴地面向腿下摇绳，小腿、大腿依次过绳后，用力收腹提臂后将绳摇过
	8.俯卧撑跳	双手持绳置于体后，向前摇绳过头顶的同时双脚后撤，手臂前伸落地支撑呈俯卧撑动作，屈肘推手，同时提膝收腿成蹲撑，随后摇绳过脚
	9.扑食跳	双手持绳置于体后，向前摇绳过头顶的同时双脚后撤，手臂前伸落地支撑呈倒立，双脚下落，同时双手往后拉绳过脚，落地缓冲
	10.鲤鱼打挺	双手持绳置于体后，双脚并拢，平躺在坐垫上，双手分别放在头部两旁撑地。将两腿摆起，双腿迅速往下摆，速度稍快，双腿往下摆同时腰腹发力，双腿下摆同时双手撑地向上发力，在双脚着地时迅速带动上半身挺直呈站立姿势，顺势将绳子往前摇，跳过绳子
	11.放绳背挂缠绕	双手持绳置于体后。练习钓鱼接绳，接绳后让右手的绳从头顶绕一圈。练习钓鱼拉绳，让绳柄每次都能打到后背。练习旋转放接绳，左手接到绳子后，让右手绳子绕头顶一圈。练习旋转放绳，让绳柄每次都能打到后背。然后尝试放绳背挂缠绕
	12.侧抛旋转放绳	双手持绳置于体后。先在体侧做侧打动作，将绳柄置于右手手腕上，右手将绳顺时针匀速旋转，让绳子在空中旋转成一个大弧，让绳子在体侧旋转三周，顺势接住绳柄
双人	双人单双摇跳	两人并排站立，分别用外侧手臂持一条跳绳的两个绳柄，并将绳置于体后。两人同步将绳向前摇起后，一人双脚交换跳，一人并脚双摇跳
多人	交互绳	两人站立，同时交错对摇两条绳。一条绳按顺时针方向摇，另一条按逆时针方向摇。当靠近跳绳者的跳绳摇至最高点时跳入，依次跳过每次摇至脚下的绳子

第一节 单人花式

一、背后膝下交叉跳

（一）跳法简介

完成此花式需起跳两次，双手持绳前摇过脚后，弯腰屈膝，一手贴背部，一手置于膝下，交叉前摇绳过脚。

图10-1

（二）技术要领

1. 弯腰屈膝的同时，一手贴于背后，一手伸至膝下。

2. 交叉动作连贯，手腕发力摇绳。

（三）练习提示

1. 徒手练习背后膝下交叉动作。

2. 背后膝下交叉动作固定后，练习手腕发力摇绳。

3. 完整动作练习时，注意控制好摇绳节奏与把握过脚时机，落地时做到前脚掌着地，充分屈膝缓冲。

（四）创新小提示

你还可以想到哪些不同姿势的交叉跳花式？

记录下你的创新跳法并与同伴交流分享。

创新跳法1：尝试背后膝下交叉跳接膝后交叉跳。

创新跳法2：尝试背后膝下交叉跳接俯卧撑。

二、360° 转体跳

（一）跳法简介

两手持绳前摇侧打，绳子打地后顺势起跳转体，身体空中转180° 时完成后摇跳一次，空中旋转360° 后完成前摇跳一次，随后落地缓冲。

图 10-2

（二）技术要领

1. 起跳一次完成360° 转体。

2. 前摇和后摇的转换时机为绳子摇至头顶最高点时。

（三）练习提示

1. 360° 转体跳练习。

2. 持绳配合口令练习“侧打—后—前”。

3. 由于此花式跳法要求跳起高度较高，落地时要充分做好屈膝缓冲。

（四）创新小提示

改变转体角度尝试新的跳法。

记录下你的创新跳法并与同伴交流分享。

创新跳法1：尝试360° 转身跳接360° 转身交叉跳。

创新跳法2：尝试360° 转身跳接360° 转身异侧胯下直摇跳缠绕。

三、交替交叉双摇跳

（一）跳法简介

两手持绳前摇，起跳一次，双手轮换体前交叉摇绳过脚两次。即起跳一次左手在上交叉摇绳过脚一次，右手在上交叉摇绳过脚一次。

图 10-3

（二）技术要领

1. 换手交叉摇绳的速度要快。

2. 跳起高度要充分，为过绳争取时间。

（三）练习提示

1. 交替交叉单摇跳练习。

2. 徒手交替交叉双摇跳节奏练习。

3. 完整动作摇绳时，大臂贴上体不动，小臂快速摆动，完成换手交叉。

4. 身体重心抬高，直立起跳，避免上体过度前倾。

（四）创新小提示

此花式是交叉跳中难度较大的动作，尝试与起跳交叉跳结合，创编新的花式组合。

记录下你的创新跳法并与同伴交流分享

创新跳法 1：尝试双摇套路，侧打交叉跳—侧打直摇跳—交替交叉双摇跳—双摇跳。

创新跳法 2：尝试侧打交替交叉三摇跳。

四、三摇跳

（一）跳法简介

两手持绳快速前摇，起跳后绳子摇过身体三周，随后落地缓冲。

图10-4

（二）技术要领

1. 手腕快速抖动摇绳。

2. 起跳后腰腹用力，增加滞空时间。

（三）练习提示

1. 徒手三摇跳摇绳节奏练习。

2. 持绳配合口令练习“跳—哒哒哒”。

3. 连续三摇跳练习时，由于要求跳起高度较高，要充分做好屈膝缓冲。

（四）创新小提示

配合左右甩绳或者变换脚步动作，尝试新的跳法。

记录下你的创新跳法并与同伴交流分享。

创新跳法1：尝试侧打直摇四摇跳。

创新跳法2：尝试直摇胯下交叉三摇跳。

小常识：因为完成三摇跳对身体的协调性和腿部力量有着较高的要求，

拳击、羽毛球、乒乓球等项目的运动员都会把三摇跳当作体能训练的重要练习方式。

五、侧打固定交叉双摇跳

（一）跳法简介

双手持绳前摇，向体侧打地的同时起跳，摇绳手变化成体前固定交叉动作，同时摇绳两次过脚。

图 10-5

（二）技术要领

1. 侧打变交叉摇绳的动作要连贯。

2. 起跳时机为绳侧打地同时起跳。

（三）练习提示

1. 侧打交叉单摇动作巩固。

2. 固定交叉双摇跳动作练习。

3. 侧打后边体前交叉动作练习。

4. 完整动作练习时注意起跳的时机和摇绳的节奏。

（四）创新小提示

改变摇绳方向，探索新的跳法。

记录下你的创新跳法并与同伴交流分享。

创新跳法1：尝试侧打固定交叉三摇跳，接侧打直摇交叉三摇跳。

创新跳法2：尝试左右侧打固定交叉四摇跳。

六、胯下交换交叉跳

（一）跳法简介

由两拍动作组成。两手持绳前摇做胯下交叉跳，当绳子过脚摇至头顶后，膝下的手不动，体前的手向左、右甩绳打地，绳子甩向哪边哪侧脚落地支撑，同时另一只脚抬起。

图10-6

（二）技术要领

1. 完成胯下交叉跳后，位于体前手臂左右甩绳的节奏与双脚轮换着地支撑配合。

2. 两只脚落地支撑时，身体重心保持平稳。

（三）练习提示

1. 徒手熟悉完整动作流程。

2. 持绳练习胯下左右甩绳。

3. 踝关节与膝关节注意放松，同时控制好换腿节奏与左右甩绳时机。

（四）创新小提示

尝试此花式与分腿膝后交叉跳组合。

记录下你的创新跳法并与同伴交流分享。

创新跳法1：尝试前后交叉跳接胯下交换交叉跳。

创新跳法2：尝试胯下交换交叉跳接同侧胯下直摇跳缠绕。

七、坐姿跳

（一）跳法简介

双腿伸直坐在地面，上体正直。将跳绳的两支手柄握在一只手中，握绳手贴地面向腿下摇绳，小腿、大腿依次过绳后，用力收腹提臀后将绳摇过。

图10-7

（二）技术要领

1. 摇绳节奏与抬腿提臀的节奏练习。

2. 收腹带动臀部高抬时双腿屈膝配合。

（三）练习提示

1. 徒手坐姿跳练习，臀部要能抬起到过绳的高度。

2. 配合摇绳慢节奏练习完整动作。

3. 练习此花式要在平整光滑的地面上进行，以免造成伤害。

（四）创新小提示

除了坐姿跳，你还能想哪些姿势的花式跳法？

记录下你的创新跳法并与同伴交流分享。

创新跳法1：尝试两人摇绳，一人在中间坐姿跳。

创新跳法2：尝试单手持绳，在头顶处边摇绳边坐姿跳。

八、俯卧撑跳

（一）跳法简介

双手持绳置于体后，向前摇绳过头顶的同时双脚后撤，手臂前伸落地支撑呈俯卧撑动作，屈肘推手，同时提膝收腿成蹲撑，随后摇绳过脚。

图10-8

（二）技术要领

1. 做俯卧撑动作时，跳绳顺势摇至身体前方地面。

2. 推手收腿时，动作连贯协调，蹲撑后马上摇绳起跳过脚。

（三）练习提示

1. 俯卧撑练习。

2. 推手收腿呈蹲撑动作练习。

3. 摇绳过脚时，直臂向后摇绳练习。

（四）创新小提示

根据俯卧撑跳的启发，你还可以和哪些动作结合创编新的花式跳法？记录下你的创新跳法并与同伴交流分享。

创新跳法1：尝试双手胯下膝后交叉跳、倒摇，接俯卧撑跳。

创新跳法2：尝试俯卧撑双摇跳。

九、扑食跳

（一）跳法简介

双手持绳置于体后，向前摇绳过头顶的同时双脚后撤，手臂前伸落地支撑呈倒立，双脚下落，同时双手往后拉绳过脚，落地缓冲。

图10-9

（二）技术要领

1. 呈倒立动作时，跳绳顺势摇至身体前方地面。

2. 双脚下落，双手往后拉绳时，动作连贯协调，落地后呈站立姿势。

（三）练习提示

1. 倒立练习。

2. 倒立后双脚下落、快速拉绳的动作练习。

（四）创新小提示

根据扑食跳的启发，你还可以和哪些动作结合创编新的花式跳法？记录下你的创新跳法并与同伴交流分享。

创新跳法1：尝试扑食跳接俯卧撑跳。

创新跳法2：尝试扑食跳双摇跳。

十、鲤鱼打挺

（一）跳法简介

双手持绳置于体后，双脚并拢，平躺在坐垫上，双手分别放在头部两旁撑地，将两腿摆起，双腿迅速往下摆，速度稍快，双腿往下摆同时腰腹发力，双腿下摆同时双手撑地向上发力，在双脚着地时迅速带动上半身挺直呈站立姿势，顺势将绳子往前摇，跳过绳子。

图10-10

（二）技术要领

1. 抬起双腿后，迅速摆下双腿。双腿着地位置尽量接近臀部所在位置，这一点非常重要。

2. 双脚向下摆的过程中用肩头或者手支撑，向上挺起腰胯。在双脚着地时迅速收腹，带动上半身挺直。

（三）练习提示

1. 抬起双腿后，迅速摆下双腿，同时双手撑地起跳。

2. 双腿下摆和双手撑地发力动作的连贯性练习。

（四）创新小提示

根据鲤鱼打挺跳的启发，你还可以和哪些动作结合创编新的花式跳法？记录下你的创新跳法并与同伴交流分享。

创新跳法1：尝试鲤鱼打挺跳接侧手翻。

创新跳法2：尝试俯卧撑跳后身体从蹲撑变成双脚并拢，平躺在坐垫上，接鲤鱼打挺跳。

十一、放绳背挂缠绕

（一）跳法简介

双手持绳置于体后。练习钓鱼接绳，接绳后让右手的绳从头顶绕一圈。练习钓鱼拉绳，让绳柄每次都能打到后背。练习旋转放接绳，左手接到绳子后，让右手绳子绕头顶一圈。练习旋转放绳，让绳柄每次都能打到后背。然后尝试放绳背挂缠绕。

图10-11

（二）技术要领

1. 当拉绳子让绳柄打后背时，注意收绳力度，用手腕轻轻一拉即可。

2. 绳子打到后背的同时，右手迅速绕头顶一圈往下绕。

（三）练习提示

1. 旋转放绳练习。

2. 旋转放绳打后背，绳子迅速向下绕练习。

（四）创新小提示

根据放绳背挂缠绕的启发，你还可以和哪些动作结合创编新的花式跳法？记录下你的创新跳法并与同伴交流分享。

创新跳法 1：尝试跳完一套花样后的定型动作。

创新跳法 2：尝试放绳背挂缠绕后，再向后解开，接反向钓鱼接绳。

十二、侧抛旋转放绳

（一）跳法简介

双手持绳置于体后。先在体侧做侧打动作，将绳柄置于右手手腕上，右手将绳顺时针匀速旋转，让绳子在空中旋转成一个大弧，让绳子在体侧旋转三周，顺势接住绳柄。

图 10-12

（二）技术要领

1. 让绳子在地上旋转，然后速度加快，让绳子在体侧旋转。

2. 预判绳柄旋转三周后的位置，顺势接住绳柄。

（三）练习提示

1. 让绳子在体侧旋转的练习。

2. 掌握抛接绳的时机练习。

（四）创新小提示

根据侧抛旋转放绳的启发，你还可以和哪些动作结合创编新的花式跳法？记录下你的创新跳法并与同伴交流分享。

创新跳法1：尝试侧抛旋转放绳接固定双摇跳。

创新跳法2：尝试侧抛旋转放绳接前后固定交叉跳。

第二节 双人花式

本节讲解双人单双摇跳。

（一）跳法简介

两人并排站立，分别用外侧手臂持一条跳绳的两个绳柄，并将绳置于体后。两人同步将绳向前摇起后，一人双脚交换跳，一人并脚双摇跳。

（二）技术要领

1. 双脚交换跳速度要足够快，才能保证同伴双摇跳的完成。

2. 两人摇绳速度和节奏一致。

（三）练习提示

1. 徒手练习此花式的完整动作。

2. 两人持绳练习摇绳节奏和加快摇绳速度。

3. 完整动作练习时，由于一条跳绳内一人是交替单摇，一人为双摇，所以两人要通过反复练习达成默契。

（四）创新小提示

尝试两人用一条绳完成双摇或者三摇跳。

记录下你的创新跳法并与同伴交流分享。

创新跳法 1：尝试两人合作，用一根跳绳一人跳交叉跳或一侧胯下交叉跳。

创新跳法 2：尝试两人交替双摇跳。

第三节 多人花式

本节讲解交互绳。

（一）跳法简介

两人站立，同时交错对摇两条绳。一条绳按顺时针方向摇，另一条按逆时针方向摇。当靠近跳绳者的跳绳摇至最高点时跳入，依次跳过每次摇至脚下的绳子。

（二）技术要领

1. 进绳时机为靠近身体的一条跳绳摇至最高点时。

2. 摇绳人两手臂体前交互画圆摇绳，且两绳依次打地，节奏均匀。

（三）练习提示

1. 两人相对摇双绳练习。

2. 跳绳者配合口令“一、二、三，进”口令练习进绳。

3. 出绳练习时，要在完成一次起跳后，两条跳绳都没有打地的瞬间向体前 45° 方向跳出。

（四）创新小提示

尝试在双绳对摇里面跳短绳，挑战下难度。

记录下你的创新跳法并与同伴交流分享。

创新跳法 1：尝试在双绳对摇里面跳短绳交叉跳、双摇跳。

创新跳法 2：尝试在双绳对摇里面跳俯卧撑跳、蝎跳、扑食跳。

小常识：交互绳是许多国际跳绳速度赛和花式赛的必选项目，也是花式跳绳表演中的常见跳法。

第四节 评 价 表

请填写表10-1和10-2。

表10-1 六级花式跳绳学习互评、自评表

花式＼评价		熟练掌握（互评）	基本掌握（互评）	仍在练习（互评）	自评语
单人	1. 背后膝下交叉跳				
	2.360° 转体跳				
	3. 交替交叉双摇跳				
	4. 三摇跳				
	5. 侧打固定交叉双摇跳				
	6. 胯下交换交叉跳				
	7. 坐姿跳				
	8. 俯卧撑跳				
	9. 扑食跳				
	10. 鲤鱼打挺				
	11. 放绳背挂缠绕				
	12. 侧抛旋转放绳				
双人	双人单双摇跳				
多人	交互绳				

表10-2 六级花式跳绳动作学习综合评价表

项目	内容	优	良	中	差	备注
		很好	可以达到	基本达到	没达到	
体能与运动技能	三摇跳和各种胯下跳法的掌握					
	当跳得很累时，有坚持练习的意志					
	连续完成多个三摇跳					
	能坚持连续跳绳3分钟以上					
	柔韧性、灵活性、协调性、力量、反应能力、耐力改善					
	喜欢了解和观看各种体育比赛					
	创编多种花式跳绳动作并能够熟练展示					
	自觉选择在安全的地方进行体育活动					
运动参与	在假期常参加体育活动					
	表演花式跳绳给不熟悉这项运动的人观看					
	通过观看视频资料或书籍自学花式跳绳					
	能自觉按照跳绳的方法进行练习					
	课余时间有计划地参加各项体育运动					
心理健康	在体育游戏活动中展示自己的“绝活”					
	在体育活动或竞赛时沉着冷静，善于动脑					
	在体育比赛时，不受比赛失败的过多影响					
	在游戏或比赛时，同伴胜利了，祝贺他（们）；同伴失败了，鼓励他（们）					
	与比自己强的对手和比自己弱的对手比赛、游戏时，心里一样平静和充满自信					

续表

项目	内容	优	良	中	差	备注
		很好	可以达到	基本达到	没达到	
社会适应	喜欢参加有竞争或者身体对抗的体育活动					
	有集体荣誉感，意识到团队的力量					
	把自己所学的体育知识和技能传授给身边的人					
	在陌生的地方进行体育活动时，了解周围环境的安全性，并能对安全程度做出正确判断					
	在陌生的环境参加比赛或体育活动，敢于体现个性特点，并且能够与人友好相处					
	在他人进行跳绳等体育活动时，不妨碍活动的进行，并对精彩的表现给予掌声鼓励					
	在游戏时或比赛时学会尊重对手					

注：表格填写说明：

1. 以上表格所示内容，“优”等级是我们要学习的目标。如果你在该项达到“优”，则说明你在该项做得很棒了。如果通过自查对照，显示“可以达到”“基本达到”“没达到”，则你在该阶段的学习还需努力。

2. 在自评时，用铅笔在对应的空格里写上时间。以后每两周进行一次自评。学期结束时，对照一下你的各项学习目标，从“没达到”到“很好”之间的过程用了多长时间？然后填在备注栏里。

第四部分

跳绳游戏活动 30 例

| 第十一章 | 跳绳游戏及其作用

第一节 跳绳游戏及作用

一、什么是跳绳游戏

跳绳游戏是体育游戏的一种形式，是以跳绳为工具，以身体练习为手段，以提高学习兴趣、促进学生全面发展为目的的一种游戏活动。在《义务教育体育与健康课程标准（2022年版）》中明确提出，体育课堂不仅需要发展学生的运动技能，普及健康知识，更需要培养学生的体育品德，帮助学生在玩中学，学中练，练中赛。其中运用好体育游戏将是其中至关重要的一环。

二、跳绳游戏的作用

跳绳游戏是身体运动型游戏，其作用主要有三个方面：

1. 健身功能。通过不同的游戏规则和其他体育器械的搭配，可以发展学生的操控性技能、身体协调性、速度、灵敏、爆发、力量等身体素质。

2. 智育功能。在游戏过程中，不仅可以发展学生的想象力、形象思维能力，促进智力发展，还可以培养学生观察力、判断力、记忆力，启发思维，使感统器官更加发达。

3. 德育功能。不同的角色扮演与团队配合过程，能够提高学生的社会适应能力，促进学生社会交往关系，帮助摆脱以自我为中心的不良习惯，培养积极的情感体验和健康的心理素质。

第二节 跳绳运动的开展和注意事项

一、运用跳绳游戏的原则

跳绳游戏在体育教学过程中可以作为游戏的辅助项目，也可作为直接竞赛的游戏内容。因跳绳有携带方便、操作简单、功能多样的特点，受到教师和学生的喜爱。如何运用跳绳游戏是教师在日常教学中需要根据学情和教材分析提前准备和思考的，一般而言需要考虑以下几个方面的原则。

1. 公平性原则

无论是什么水平的学生，对游戏的公平都有自主的判断。游戏的公平性体现在，竞争的几方赢得比赛的概率是否一样。要求教师考虑到双方的游戏规则、团队成员的技术水平，以及配合水平等因素，基本保持一致。

2. 趣味性原则

游戏最突出的特点就是娱乐身心、放松紧张课堂氛围、消除疲劳，而其中起到关键作用的就是趣味性。缺乏趣味的体育游戏不能称为合格的游戏。这要求教师在运用跳绳游戏时，需要根据学生的情况选择符合其年龄特点的游戏内容，在精细、巧妙、新奇上多加思考，赋予其足够的趣味性，方可达到预期的教学效果。

3. 适度性原则

跳绳游戏在课堂上无论是作为辅助项目还是作为课堂的主要实践内容，均需考虑游戏的适度性。一是需要考虑游戏的时间，过长的游戏时间会使学生对主教材内容丧失兴趣，或对同一个游戏产生厌倦。二是需要考虑运动量是否符合学生的年龄特点，是否符合生长发育的规律，例如不应给在水平一学段的学生安排过多发展力量素质的跳绳游戏。

4. 相关性原则

跳绳游戏需要为主教材服务，需要考虑与主教材的内容设计有较好的相关性。脱离主教材或过于沉溺于游戏情境，会使后面的教学内容激发不起学生的学习兴趣。良好的游戏内容能够起到启发性的作用，为后面的教学内容做好铺垫。

5. 补偿性原则

跳绳游戏不仅可以运用在教学安排的前段，同时也可作为体能练习的内容为主教材做补偿练习。补偿性主要指体能素质方面的补偿，例如主教材内容发展学生的下肢力量，那跳绳游戏可以适当结合上肢力量进行设计，为全面发展学生的身体素质服务。

综上说述，运用好跳绳游戏需要教师根据教学内容和学生学情，合理选择，设计游戏的内容，明确游戏目标，科学组织学生进行游戏，在游戏过程中适当指导、评价、激励学生，使其更好地进行游戏。同时把控安全隐患、运动量和时间，让跳绳游戏能够产生良好的课堂效果。

二、跳绳游戏过程中的注意事项

良好的游戏体验离不开缜密周全的游戏设置和教师的细心把握，主要包括。

1. 场地器材的布置。合理的场地布置能减少安全事故的发生。要确保排除安全隐患。

2. 充分的热身活动。在日常教学活动中，许多教师会忽略游戏之前的热身运动。事实上，许多游戏没有固定的肢体运动轨迹，这反而是容易受伤的主要隐患。因此提前活动好各关节、提高体温，能够有效降低受伤的风险。

3. 安全教育。相对于常规的教学，游戏是同学们最容易忽略安全隐患的过程。教师需要提前告知游戏过程中可能存在的风险，让学生提前规避。

4. 掌握和激发情绪。在游戏过程中，大部分学生的情绪会比较激动，容易发生争执，要求教师对此类学生的情绪能及时把控。同时对比较内向、不主动的学生，要进行情绪的激发和动员。

5. 关心特殊学生。对体质较差或有特殊体质的同学，需要额外关注。在切实可行的情况下让学生参与游戏，时刻关注游戏过程中该类同学的表现，使他们在体质得到锻炼的同时，精神上也能享受和同伴一起娱乐竞争的快乐。

第十二章 跳绳游戏30例

在日常教学过程中，教师可以根据教学目标和内容，自己创编跳绳游戏。跳绳可以作为辅助器材开展游戏，例如标志物、手持物、附着物，甚至是抛掷物。也可作为主要的游戏内容，例如跳绳30秒接力、8字跳、多人齐跳等。其易携带、形状多变、坚固耐用的特性，使其成为开展游戏的好器材。

以下举29个例子作为参考，教师可以在此基础上进行改编。

1. 移形换影

游戏方法： 两人一组，两两之间相隔两条短绳，短绳拉直后隔开大约30厘米距离平行放置，学生面对面双手俯卧撑地。教师吹哨开始后，学生通过四肢触碰地板、手脚配合的方式，移动到对方起始位置。先到达者为胜。设计为三局两胜制或者五局三胜制。

游戏目标： 增强上肢力量及四肢协调配合能力。

适用对象： 7～12岁。

游戏建议： 短绳长度可以根据学生的体能调节，若体能好可以全部拉直，体能弱则可以对折。

2. 烫手山芋

游戏方法： 4～6人一组，学生围绕中间雪糕筒，相隔两臂距离绕成圆圈，面朝雪糕筒俯卧撑地。先将短绳缠绕成球即“山芋”，首发一人手拿

"山芋"，通过单手撑地，另一只手将短绳传递给队友的方式将"山芋"传递下去。在此过程中不能让"山芋"掉到地板上，有人坚持不住倒下时便出局，直到剩最后一个胜出。

游戏目标：增强学生上肢力量，培养学生合作意识。

适用对象：9～12岁。

游戏建议：短绳需要提前绑好，绑紧。传递过程中注意要传递到下一位的手上，不可乱扔给下一位同学。

3. 抗震救灾

游戏方法：将学生分为人数相等的若干小组，距离终点5～8米，学生将跳绳绑在腰间，通过匍匐前进的方式将跳绳（物资）运到指定位置。完成物资搬运后冲刺跑回起点，与下一名同学击掌。下一名同学继续进行物资搬运，直到所有人完成。先全部运完者获胜。

游戏目标：发展学生四肢协调能力，增强上肢力量及快速跑能力。

适用对象：7～12岁。

游戏建议：根据年龄大小调整匍匐距离，可以增加小障碍物，例如矮杠用于跳跃、软垫用于滚翻等，提高游戏难度。

4. 解绳营救

游戏方法：两人一组，游戏开始前将短绳绑在腰上并打2～3个结，也可逐渐增加打结的数量以此增加难度。游戏开始后两两俯卧撑于地板上，一只手撑住地板，另一只手互相解开对方绑在腰部的绳。先解开者胜。

游戏目标：增强学生上肢力量，培养学生互帮互助的精神品质。

适用对象：10～14岁。

游戏建议：注意不要绑得太紧，同时采用较易解开的竹节绳，打结的数量要相同。

5. 孤掌难鸣

游戏方法：两人一组，需要两条跳绳。将跳绳对折一次，拉直平行放置，两根平行摆放的跳绳相距一臂距离。两人同时从同一侧俯卧撑立于地面上，伸出一只手进行击掌，击掌后迅速平行移动到另一侧，然后完成第二次击掌，再移动到另一侧完成下次击掌。以此反复多次练习，先完成10次击掌的队伍胜。

游戏目标：增强学生上肢力量，培养学生团结合作的精神品质。

适用对象：9～12岁。

游戏建议：根据不同年龄适当调整绳的长度和击掌次数。长度越长、次数越多，则难度越大。也可采用跪姿俯卧撑，降低难度。

6. 植物大战僵尸

游戏方法：将学生平均分为两派，一派扮演植物，一派扮演僵尸。两边相隔30米（也可以是篮球场两条端线），在中间摆放10个碟子，5个正面朝上，5个背面朝上。“僵尸”和“植物”在听到哨声后，需要边跳绳边跑到碟子位置。“僵尸”组负责把碟子翻到背面朝上，“植物”组负责将碟子翻到正面朝上。每次只能翻一个，翻完后快速跳绳回到起跑处，接力下一个同伴。先把碟子全部翻正/背的一方胜。

游戏目标：提高移动速度以及手脚协调的能力。

适用对象：7～12岁。

游戏建议：两边各分为2～4个小组，每小组2～4个人，需要较大的空间并划分好行进路线。若采用跑跳的方式，需要同学掌握单摇双脚轮换跳。若未掌握，也可采用并脚跳绳到目标位置。

7. 抬腿比高

游戏方法：2人一组，相距约两臂以上，面对面站立。持绳者将跳绳对折两次后打结，单手握住绳柄，前平举与肩同高，使前端的“绳结”自然下垂。练习者单腿直膝绷脚尖，向前上方踢碰绳结。踢到绳结便可交换，双方均可踢到便提高5cm，继续挑战。直到一方踢不到决出胜负。每轮两次机会，并且持绳者不可突然移动绳柄。

游戏目标：发展学生髋关节、大腿肌肉的柔韧性，增强身体的平衡能力。

适用对象：7~12岁。

游戏建议：（1）左、右脚交换练习。（2）练习时要保持上体正直。（3）合理控制2人之间的安全距离。（4）可以以前踢、侧踢、后踢等方式进行游戏。

8.“背”道而驰

游戏方法：2人一组，相距1米左右，相互背对背坐在地板上，两臂侧平举，跳绳对折两次，两人同侧手分别紧握绳子的一端。游戏开始时，两人两臂同时发力，由体侧沿水平位置向体前拉动跳绳，身体保持直立，两臂不得弯曲。两臂在体前靠拢或一方叫停者即为获胜。

游戏目标：提高上肢力量，发展肩关节、肩胛韧带的柔韧性。

适用对象：9~12岁学生。

游戏建议：选择体重身高相当的同伴进行比赛，禁止游戏时突然松手丢掉短绳，以防跌倒。

9.下腰比低

游戏方法：3~5人一组，其中2人各握跳绳一端，面对面站立。其余练习者面向跳绳，并排站立。开始时，练习者保持躯干后仰、双腿站直的姿势，从跳绳下后仰快速通过，双手可触碰地板保持平衡，身体任何部位不得触碰跳绳。成功通过后再降低高度。若连续2次触碰到跳绳即为失败，相互交换游戏。最后通过横绳高度最低的同学获胜。

游戏目标：发展学生腰部、髋关节的柔韧性，激发挑战意识。

适用对象：9~12岁学生。

游戏建议：绳子两端需持平，组内同学注意相互保护与帮助，防止后倒摔伤。

10. 勇攀高峰

游戏方法：2人一组，1人持绳垫前站立，一只脚紧贴垫子，踩住跳绳中间，双手向上拉直跳绳。练习者做俯卧挺身动作，即俯卧于垫上，双手向前平伸。开始时，练习者腰部发力使上身慢慢抬起，两臂伸直，用掌心抓握跳绳，积极攀爬跳绳，直到最高点定住3秒。相互交换游戏。掌心抓握跳绳位置较高者获胜。

游戏目标：发展学生躯干柔韧性，增强腰腹力量，培养积极向上的精神。

适用对象：7～12岁学生。

游戏建议：充分热身，攀爬时不可借助绳子和手臂力量向上，应利用腰腹力量。

11. “快递”到了

游戏方法：将学生分成6～10人一组，成一路纵队站立，两脚左右开立与肩同宽，前后一臂距离。排头第一个学生将跳绳对折两次后，两臂伸直握住两端，后面学生依次两臂前平举。游戏开始，排头第一个学生两脚固定，向左或向右转体180°，将跳绳传递给身后的学生并说一句“快递到了”。依次进行。最快完成游戏的小组获胜。

游戏目标：发展学生腰部、髋关节的柔韧性，增强身体协调性和合作能力。

适用对象：7～9岁学生。

游戏建议：游戏可变换为坐在地板上，避免双脚移动。也可变换传递方式，组织学生经头上、胯下进行拓展游戏。

12. 三顾茅庐

游戏方法： 学生分为3~5组，每组人数相等。所有人围成圆形队伍，面向圆心站立，每人手持一根跳绳。游戏开始时，指定一人扮演“刘备”，选择圆圈上的任意一人扮演“诸葛亮”，开始“三顾茅庐”。2人面对面跳同一根绳子，连续三次算成功。然后按顺时针方向与圈上的每一个人面对面跳绳，直到成功跳完圈上最后一个同学后，与最后一名同学交换角色。依次进行。最先全部成功结束的小组获胜。若行进途中跳绳失误，必须与合作者重新跳满3次。

游戏目标： 发展学生灵敏素质，培养学生团队协作意识。

适用对象： 9~12岁学生。

游戏建议： 游戏开始前将绳子长度调长，方便两人同时跳。

13. 穿越火线

游戏方法： 将学生分为人数相等的两组，一组作为闯关穿越者，另外一组作为关卡制造组。关卡制造组两两一对，用跳绳制造通关障碍，通过绳子的交叉、平行等并排摆放，在空中组合成一个红外线的场地，供另一组穿越。穿越者不可触碰到绳子，摆绳的同学不可移动绳子，且必须将绳子拉直。穿越过程中碰到绳子则算挑战失败，需要重新通关。通关时间短的获胜，或者规定时间内成功通关人数多的获胜。

游戏目标： 培养学生灵活的躲闪避让能力。

适用对象： 7~12岁。

游戏建议： 同一时间交叉的绳子不超过3根，若绳子在游戏过程中随意移动可撤掉。

14. 跳绳接力

游戏方法： 把学生分成3~5组，每组人数相等。游戏开始时，教师下达口令后，各小组第一位同学快速完成20次跳绳，跳完与下一位同学击掌。下一位同学迅速击掌后同样完成20次跳绳。依此类推。最先完成所有人跳绳的小组获胜。

游戏目标：提高快速反应能力和团结奋斗精神。

适用对象：7～12岁。

游戏建议：各组同学实力需要平均，可以进行多组比赛，然后强弱分配均匀。

15. 捕鱼达人

游戏方法：指定两人为捕鱼人，用1～2根跳绳作为捕鱼工具，分别牵着绳柄。其他学生作为“鱼群”在指定区域跑动。游戏开始时，两位捕鱼人带着渔网去捕获“鱼群”。当“鱼”被绳捆住时算捕获成功，被成功捕获的“鱼”进到指定的“鱼缸”，不可再外出。直到最后一条“鱼”被捕获游戏结束。设置合理的时间，当时间截止时捕鱼人还未将“鱼”全部成功捕获，则鱼群胜利，“鱼”全部放出。若全部捕获，则捕鱼人胜利。

游戏目标：提高学生快速反应能力，培养团结协作的意识。

适用对象：7～12岁。

游戏建议：必须是绳子捆绑住才算捕获成功，不可用手抓“鱼”的肢体或衣服。

16. 海底捞月

游戏方法：将学生分成若干小组，每组人数相等并排成多路纵队。游戏开始时，各组第一个同学与第二个同学各持绳的一端，面向本队队员，将绳摆低向队尾跑去，每个队员迅速跳起越过短绳。持绳队员到排尾后，第一人留下站在队尾，第二人持绳跑回排头，与第三人共同持绳继续向排尾跑去。依次进行。最后先跳完的队获胜。

游戏目标：提高学生反应速度，培养学生互相配合与协同的精神。

适用对象：7～12岁。

游戏建议：小组队员之间保持一臂以上距离，避免摔倒。

17. 并肩作战

游戏方法：将学生分成3～5组，每组各自组成两两一对，并排面对面站立。游戏开始时，各组排头两位同学一起跳一根短绳，必须连续跳5次绳方算成功。成功5次跳完后将绳依次下传。全部人先完成的小组获胜。也可两人面对同一方向跳，进行变式。

游戏目标：培养学生的协调能力与团结精神。

适用对象：7～12岁。

游戏建议：并排跳的同学尽量身高相仿，将绳子长度调至偏长。在游戏开始前可留点时间给学生先练习一下。

18. 时空穿梭

游戏方法：将学生平均分成3～5组，排成多路横队。其中各组第一位同学摇绳，呈"S"形往返穿越队伍。在穿越中与同伴重叠时，就带着同伴一起连续跳绳3次方可继续穿越。穿越过程必须是"面对面"和"背对背"交替进行，即方向不可更改。假设与第一位同学是面对面跳，跳完后继续到下一位同学时是背对背，整体路线呈"S"型。穿越至最后一位同学后直线冲刺回起点，与第二位同学交接绳子继续游戏，直到全部人完成，率先完成全部"S"穿越的小组获胜。

游戏目标：培养团队配合意识及身体协调能力。

适用对象：7～12岁。

游戏建议：两两间隔距离要适宜，当背面带跳同伴时，两人要配合默契，必要时配合口令一起跳。

19. 迷宫寻宝

游戏方法：将跳绳捆成一个小球，放置在9个雪糕筒或标志中间。雪糕筒摆成9宫格，筒之间相隔1米。学生两两一组，分为4组，从4个方向出发进入迷宫寻宝。两个同学其中一个用红领巾蒙住眼睛，另一个负责指挥同伴前行。游戏开始后，教师将跳绳放置在某个雪糕筒里隐藏起来，只有指挥的同学知道，而蒙住眼睛的同学需要在同伴的指挥下缓慢前行寻找。游戏过程中碰倒雪糕筒的小组出局，先找到的一组获胜。

游戏目标：培养学生平衡能力，语言表达能力。

适用对象：7～12岁。

游戏建议：可以调整雪糕筒数量和范围，雪糕筒越多，难度越大。

20. “碟中课”计划

游戏方法：五人一组，两人摇长绳，两人摇中绳，一人摇短绳。在三绳中跳。连续完成5次后交换角色。5个人全部跳完短绳算挑战成功。计算完成的时间，用时最短的一组获胜。

游戏目标：提高弹跳素质、团队协作能力。

适用对象：9～12岁。

游戏建议：注意进绳的时机，先长绳，后中绳，最后短绳进场。

21. 金鸡独立

游戏方法：将10根绳子两次对折，相隔1米，平行放置于地板上。学生排成一路纵队站在绳子前方。游戏开始时，学生单脚依次跳过短绳，跳过最后一根绳子后换脚跳回来与队友接力，直至所有人完成跳跃。注意不能踩到绳子，可以设置多组队员进行比赛。先完成的获胜。

游戏目标：提高腿部力量和弹跳力。

适用对象：7～12岁。

游戏建议：根据年龄大小调整绳与绳之间的距离与数量。

22. 旋转陀螺

游戏方法：将学生分为5～8人一组，选择一位同学站在中间，单手握住绳柄。其他同学围成一个直径大约3米的圈。站在中间的同学将绳子在地板上以自己为中心甩起来，当绳子甩到同学脚下时，需要迅速跳起。踩到绳子的同学需要做5次波比跳作为惩罚。惩罚2次的同学则与中间转绳的同学交换位置继续游戏。

游戏目标：提高灵敏素质与弹跳力，培养团队协作精神。

适用对象：7~12岁。

游戏建议：甩绳时需要掌握好速度，贴着地板最佳。

23. 抢占先机

游戏方法：将学生分为6~8人一组，用短绳在地板上摆出比人数少1的圈，圈的大小刚好够一个人站立。游戏开始时，所有人围绕着圈的外围慢跑起来，并保持前后一臂距离以上。随着教师拍掌的节奏，调整慢跑的速度。当教师喊"停"时，所有人迅速找到一个自己的圈站进去，必须双脚都踩在绳圈内。没踩进圈内的学生出局，并拿掉一根绳子继续游戏。依此重复，直到决出各组第一名，最后进行终极比赛。

游戏目标：提高反应速度。

适用对象：7~12岁。

游戏建议：游戏过程中不能出现硬挤和推拉的情况，若有分歧，则重新开始一局。以第一只脚踩进圈内为胜。

24. 以柔克刚

游戏方法：两人一组面对面站立，间隔一臂距离，脚下分别放置一根跳绳。游戏开始时双方站在绳子外侧，只能使用双手将对方推倒或者离开初始位置。双脚有一只脚离开地面的一方算输。

游戏目标：提高平衡能力。

适用对象：7~9岁。

游戏建议：两位同学身高体重相仿，距离控制在双手能够触碰到对方的肩膀为宜。不可拖拽对方的衣服。

25. 老鹰捉小鸡

游戏方法：7~8个人为一组，所有同学将短绳绑在腰上，露出两根绳柄移至身后。选择一位同学当“老鹰”，选择一位同学当“母鸡”，其他同学双手握住前面一位同学的绳柄成一路纵队。游戏开始时，“母鸡”张开双臂保护后面的“小鸡”们，“老鹰”则尽可能越过“母鸡”的保护去抓最后一位“小鸡”的绳柄，一旦握住绳柄则算成功。游戏过程中若“小鸡”抓不稳绳柄则算失败。限时3分钟，若捉到“小鸡”则算“老鹰”成功。

游戏目标：提高快速反应能力，培养团结协作的精神。

适用对象：7~12岁。

游戏建议：短绳打两个结，避免勒到身体。

26. 抓住小尾巴

游戏方法：两两一组，将短绳绑在腰间，露出两个绳柄当作“小尾巴”。游戏开始时，同学互相散开，相互为一组的同学需要利用快速反应抓住对方的“小尾巴”，同时保护好自己的“小尾巴”不被对方抓住。先抓住者胜，晋级下一轮。直至决出班上最灵活的同学。

游戏目标：提高快速反应能力。

适用对象：7~12岁。

游戏建议：划分好各组的活动范围，避免撞在一起。

27. 纤夫的手

游戏方法：两人一组，一人牵住短绳的一端绳柄，各自脚下放一个小圈。游戏开始时，双方向各自的方向牵拉或放松，谁先站不住脚离开小圈算输。三局两胜或五局三胜，胜方晋级下一轮，直至决出所有小组中的最后一名。

游戏目标： 提高反应能力。

适用对象： 7～12岁。

游戏建议： 不可使用蛮力，要注意用力的收放，有时不用力反而能起到出其不意的效果。

28. 群雄争霸

游戏方法： 将学生分成10人一组，围成一个直径6～8米的大圈，将跳绳捆成球摆放在圈的中间。游戏开始时所有人背对跳绳，当教师吹哨后，所有人做一个波比跳后，快速转身蛙跳到中间，先拿到跳绳者为胜。要求动作应标准，蛙跳必须双手触碰到地板后跳起。动作不标准者出局。

游戏目标： 提高快速反应能力及弹跳力。

适用对象： 7～12岁。

游戏建议： 起始动作可以根据学生年龄更改为较容易进行的，例如深蹲等。转身冲刺时小心和同伴撞在一起。

29. 行走独木桥

游戏方法： 将学生分为3～5组，每组6～10人，将与人数相等的跳绳平铺拉直，拼接在操场上成一条直线。游戏开始时，各组第一个人需要手持一根长棍模仿过独木桥，踩着跳绳直线到达对岸，然后折返回来与下一位同学接力，率先全部完成的小组获胜。各组之间互相监督，若因为走得太快脚没有踩到绳子则算“落水”，需要从头开始走。

游戏目标： 培养学生的平衡能力及团队协作意识。

适用对象： 7～9岁。

游戏建议： 创设独木桥的情景。

30. 同绳共济

游戏方法： 所有同学分成4队进行接力比赛，每队每次出发2人。哨声响起时，各队第一组的2人手持短绳的两端共同爬行、绕杆、跳小栏架，进行障碍跑。游戏要求在规定的路线活动，组与组之间比赛速度，但要求中间不准放开跳绳，绳柄不可落地，若落地需要重新开始，最后通过绕杆返回接力下一组两位队员。所有队员先完成的队获胜。

游戏目标：培养学生灵活躲闪能力，体验合作共赢的乐趣。

适用对象：7～12岁。

游戏建议：尽量保证速度相似的队员同组。

| 附录 1 | 跳绳特色大课间活动实施方案

一、指导思想

全面贯彻落实党的教育方针和国家体育总局制订的体育发展“十三五”规划，引导和鼓励学生积极参加形式多样、生动活泼、健康向上的体育活动，提高学生的身体综合素质，促进学生的全面发展和健康成长。以大课间活动为载体，培养学生自觉锻炼身体的习惯，规范学生课间体育活动内容和形式，推进大课间活动的科学化、制度化、规范化，逐步形成我校体育特色，努力建设和谐校园、平安校园、活力校园。

二、实施原则

（一）教育性、科学性、趣味性原则。大课间活动坚持育人的宗旨，遵循教育规律和小学生身心发展特点，寓学于乐，寓练于乐。

（二）全面性原则。大课间活动与日常教育教学工作有机结合，与新课程改革相结合，与小学生综合素质培养有机结合。课外活动的内容与形式丰富多彩，尽量满足不同特长、不同兴趣、不同层次学生的发展需要，促进学生的身体素质、心理素质和审美素质的全面提高，并形成在普及与提高的基础上良性发展的局面。

（三）坚持自主自愿与积极引导相结合原则。在组织学生参加大课间活动的过程中，除了教师的指导，同时充分尊重学生的自我选择权和自主活动权，在组织活动时为学生营造一个自主操作、自主锻炼的良好环境和氛围。

（四）坚持校内校外相结合原则。以校内活动为主阵地，充分发挥校外活动的独特功能，促进校内校外活动的有机结合，密切配合家庭体育活动和社区体育活动，努力创建良好的课外体育活动环境。

（五）坚持安全第一原则。在大课间活动的组织与实施过程中，加强安全教育，制订出安全措施、应急措施和防范措施，避免和防止意外事故的发生。

三、实施方法与目标

（一）学校根据广州市教育局以实施“体育大课间活动”项目为主要内容的要求，结合本校实际，严格按小学健康与体育课程标准中发展体能的要求实施。

水平一目标为：发展柔韧、反应、灵敏和协调能力。水平二目标为：发展灵敏、协调和平衡能力。水平三目标为：发展速度和平衡能力。在开齐开足体育课程，提高课堂教学质量的同时，开展丰富多彩的大课间体育活动，满足全体学生多样化的活动需求。

（二）学校制订好本校学生大课间活动计划，明确目标，落实责任。做到时间、场地、内容、学生、指导教师“五落实”。确保学生每天体育活动时间不少于1小时。

（三）制订班级大课间活动制度，坚持每学年举办一次全校体育节。

（四）学校大力改善体育活动场地设施，提高全体教师的活动组织和指导水平，并落实相应的经费，确保学校文体活动正常开展。

（五）体育老师开学初做好各班体育骨干培训工作。

（六）体育老师要按分工做好巡回指导督查工作，尽量做到杜绝学生伤害事故的发生。

四、组织机制

统一思想，提高认识，切实加强学校大课间活动的领导和管理。学校成立由校长为组长的学生大课间活动领导小组，明确分工，责任到人。要充分认识小学生课外体育活动的重要性，把开展这项活动作为推进素质教育、活跃学生课余生活、培养学生健康生活方式的一个重要组成部分，落到实处，见到实效。

五、大课间活动工作领导小组

组长：

副组长：

组员：

六、活动要求

（一）班主任为班级活动的第一责任人．是负责班级学生大课间活动的组织者、实施者与安全教育责任者。副班主任为班级学生课外活动的协助者。

（二）每位学生必须自觉遵守各种活动的规则要求，听从指挥和安排，并按时参加活动。

（三）活动场地及器材管理，由体育组统一安排，实行器材由小组管理责任制。

（四）每个班级应认真组织，精心安排，确保安全责任事故为零。活动前组织学生对活动的规则学习了解，要认真进行安排并认真做好场地、器材的准备工作，防止意外事故发生。

（五）有生理缺陷的学生不能参加相应的活动，教师应做好劝导工作。

（六）活动制订好意外事故发生的应急处理预案，确保活动中师生生命安全。

（七）活动时间：周一到周五每天上午（　　）为大课间活动。

七、大课间活动流程

（一）集结（4分钟）：各班学生在班主任带领下有序入场，人手一条竹节跳绳，斜跨在身上。

（二）军姿训练（1分钟）：全体师生集合完毕后，配合军姿练习音乐进行军姿训练。

（三）热身绳操（3分钟）：全体师生在音乐伴奏下，认真完成热身绳操练习。

（四）跳绳练习

1. 个人跳绳基本交换脚跳及节奏动作练习。

2. 30秒单摇。

（五）柔韧拉伸与放松（3分钟）：全体学生跟随音乐做拉伸与放松。

（六）总结与退场（2分钟）。

| 附录 2 | 小课间活动方案

一、指导思想

随着国家对体育课程的不断重视，对学生身体素质提高的需求日益上升。学校体育课程面临着许多新的挑战和压力，持续发展体育课间活动迫在眉睫。

科学的小课间活动从学生体质健康数据出发，通过制订合理的训练计划和提升目标，多元化的内容、多样化的形式、社会化的分工和有效的管理，能够改变学生平时无序、杂乱的课间状态，帮助学生在课间充分锻炼身体，提高身体素质。通过建立帮扶机制，培养班级体育骨干，有效推进师徒结对，同时设立奖励机制，进而营造良好的运动氛围，培养孩子良好的运动习惯。

二、实施目标

小课间活动的实施目标主要包含三个方面：提升学生的体质健康、有效利用课间碎片化时间、健全心理和完善人格。

1. 提升体质健康

小课间活动主要由各项体育锻炼项目所组成，通过融入游戏化、比赛化的机制，让孩子从无序的小课间娱乐转变成系统化、有序化、有指向性、科学化、健身性、安全性、趣味性和可发展性兼具的小课间活动，在老师的帮助和管理下，将小课间和体育课的内容联系起来，成为课堂的有效延伸，更好地改善自身的身体素质，提升体质健康。

2. 有效利用课间碎片化时间

经过观察和统计学生的课间活动后发现：未进行课间管理的学生在课间主要活动内容为追逐打闹和游戏，较易发生安全事故。利用好学生的碎片化时间，用适当的运动去放松孩子的身心，是行之有效的。

3. 健全心理和完善人格

参加大课间体育锻炼，对于满足生理的运动需求，形成强化、正确的学习及锻炼动机，培养良好的体育兴趣和运动行为习惯，都具有明显的积极作用。

在小课间体育活动中，尤其是集体的或小组的体育锻炼过程中，学生有可能主动（或被动）地承担各种不同的角色。此类“预演式”的角色承担，对提高学生的团队意识和社会适应性的作用是显著的。

三、具体实施方案

1. 身体素质分析及团队组建

根据每一次体测数据，按体测项目总分将全班分为6个团队，由班上体测成绩前6名带领后6名同学，形成6个一带一的小团队。其次还可将专项好的学生带领一或两名专项较差的学生，形成专项提高小团队。

2. 小课间训练制度——打卡制

每周由班主任分发一次打卡记录表。每天打卡至少一次训练，团队成员在“师傅”的带领下完成打卡，并仅能由“师傅”填写打卡数据，打卡数据公开在班级进行评比。

3. 体质健康全优模范班级评比活动

在每次体质健康测试中，学生全面达到优良（80分）（因特殊情况不参加体质健康测试的学生除外），出操纪律、课间打卡执行情况较好的班级将被授予“体质健康全优模范班”荣誉牌匾。称号在每次体质健康测试之后将动态更新，若未达到标准，将取消称号授予。

四、具体训练内容

小课间训练内容包含各项体质健康测试内容以及相应的热身和放松，各年级依据体测相关内容完成每日打卡。

1. 关节操热身

头部运动、腰部运动、膝关节运动、手腕踝关节运动均完成4个八拍。

2. 在完成针对性的热身之后，进行正式内容的训练。

（1）水平一（一、二年级）每日课间训练内容

日期	周一	周二	周三	周四	周五
上午课间	绳球摇绳	体前屈	绳球摇绳	体前屈	绳球摇绳
下午课间	高抬腿	肺活量	高抬腿	肺活量	高抬腿

运动量与强度：

· 高抬腿20秒一组，每个课间完成3组。

· 绳球摇绳30秒一组，每个课间完成3组。

· 体前屈20秒一组，每个课间完成3组。

· 肺活量，尽全力吹气，每个课间完成3组。

（2）水平二（三、四年级）每日课间训练内容

日期	周一	周二	周三	周四	周五
上午课间	绳球摇绳	体前屈	绳球摇绳	体前屈	绳球摇绳
下午课间	仰卧起坐	肺活量	仰卧起坐	肺活量	仰卧起坐

运动量与强度：

· 仰卧起坐1分钟一组，每个课间完成2组。

· 绳球摇绳30秒一组，每个课间完成3组。

· 体前屈20秒一组，每个课间完成3组。

· 肺活量，尽全力吹气，每个课间完成3组。

（3）水平三（五、六年级）每日课间训练内容

日期	周一	周二	周三	周四	周五
上午课间	绳球摇绳	体前屈	绳球摇绳	体前屈	绳球摇绳
下午课间	仰卧起坐	肺活量	仰卧起坐	肺活量	仰卧起坐

运动量与强度：

· 仰卧起坐1分钟一组，每个课间完成3组。

· 绳球摇绳30秒一组，每个课间完成4组。

· 体前屈20秒一组，每个课间完成4组。

· 肺活量，尽全力吹气，每个课间完成4组。

3. 放松

简单的拉伸能够快速促进血液循环，让刚完成运动的肌肉快速放松，具有加速身体恢复的功效，是重要且容易被忽略的因素。在课间运动过后，学生需要对刚完成训练的部位进行适当的放松和拉伸，例如高抬腿后，拍拍自己的小腿和大腿、拉伸下大腿前侧韧带和小腿后侧韧带，几十秒就可以快速放松紧张的肌肉。

4. 师徒目标及奖罚制度

目标是团队行动的方向标，每个小团队在成立之初便要对个人和团队都有个清晰和可度量的目标，可细化到每个项目，例如仰卧起坐一分钟能达到几个、跳绳一分钟能跳多少个。目标可设置成周目标、月目标、体测目标，目标的设置需要根据孩子的实际情况以及体测成绩而定，需具有可行性、挑战性。

完成每日打卡和每周打卡是每个团队的共同目标，班主任可根据各班实际情况为团队设立合适的奖罚制度，并将每次体测作为一次模拟考试，成绩突出者可适当给予奖励。

5. 定时测试及反馈

各班每周挑选固定的时间（建议周五）进行各项目的测试，由体委带领各个“小师傅”进行，主要关注“徒弟”的成长，分析本周打卡情况及目标达成情况，及时反馈给班主任和体育老师。

6. 团队调整

原则上老师需要根据每次的体测成绩重新调整各团队成员，并尽可能根据学生长处和短处进行灵活调整。

四、实施保障

1. 物资

根据不同的训练内容，各班配备相应的训练器材。具体有：摇绳球10对、瑜伽垫10张、秒表4个、肺活量仪器4个。

2. 人员及分工

为保障课间训练有序进行，避免突发情况的发生，各年级需要在课间配备3个巡场老师，指导以及监督学生开展课间训练，并及时将各班情况反馈到级组群报备。

巡场老师由各班主任和各科任老师轮流值日，各年级体育老师负责统筹、具体问题的解惑和突发情况的解决。

3. 安全提醒事项

课间活动存在许多安全隐患，例如课间随意运动造成的伤害、疯闹造成的伤害、携带危险物品造成的伤害、携带零食误入口腔造成的伤害、校园欺凌现象造成的伤害。在有效管理学生课间运动的过程中，我们需要在以下几个方面要求学生，使得学生尽量远离安全事故。

· 着装方面：穿着运动服、软底运动鞋。

· 尽量远离非固定物，例如栏杆、桌椅、门框等，避免受伤。

· 尽可能保持运动场所干净卫生，小心湿滑地面。

· 在运动过程中注意过往行人。

· 不携带任何零食和危险器具。

附录3 “云荟杯”跳绳线上赛比赛规程

20××年“云荟杯”跳绳线上赛×月×日开始。“云荟杯”赛事项目为1分钟单摇跳。采用线上提交视频参赛方式。

一、赛前提醒

1. 待所有视频收集好，放到百度云盘，然后按分享，会出现一个链接和提取码，将这个链接和提取码放到表格内链接处即可。不需要把视频发到邮箱（邮箱只接收表格）。

2. 上传到指定邮箱时，将文件名以及邮箱主题名，重命名为×年级×班×月云荟杯比赛（直接写明1～6年级的某班即可，不需要写2022级或其他）。东、北校区的班级需要在前面加上×校区（指定邮箱为877287622@qq.com）。

3. 比赛视频提交截止日期：×月×日17:00前（若因单个班级导致排名无法公布，全校点名批评）。截止时间后，不再接受后续发送的表格。

特别注意：家委上传完视频和统计表至指定邮箱后，还需要再发送统计表给本班体育老师。

学校将对各班各年级11月份1分钟跳绳超满分率向全校公布并进行总结表彰。

各年级超满分率目标：

南校区：

一年级：80%　二年级：85%　三年级：90%

四年级：85% 五年级：80% 六年级：75%

东校区：

一年级：95%

北校区：

一年级：95%

比赛视频提交截止日期：2022年11月27日（星期日）17:00前。

二、赛事项目

1分钟单摇跳绳。

三、赛事场地

本次比赛要求家长帮助孩子在家选择适宜场地完成视频拍摄。

四、比赛项目规则

（一）学生1分钟单摇跳绳

1. 比赛要求：全体学生参加。

2. 比赛方法：在1分钟内，采用一种跳绳方式，绳子绕过身体一周计成功一次。在规定时间内，累计成功次数的总和。

跳绳方式：A并脚跳、B双脚交换跳。

3. 口令

所拍摄视频建议配有口令或播放音频。口令如下：运动员准备—预备—跳（或哨音）—30—45—停（或哨音）。

五、赛事要求

提交学生1分钟单摇跳绳最好成绩的参赛视频，视频由本班家委负责统计比赛成绩，视频统一上传云盘并填写统计表后，发邮件至877287622@qq.com（此外还需将统计表转发给本班的体育老师）。

提交视频规范。参赛学生可在跳绳前，对跳绳时间和自己进行简单介绍。如“2022年×月×日，××同学”。文件命名要求如下：“年级－班级－姓名－A/B（跳绳方式）－次数”。

视频要求横屏拍摄，画面清晰，无卡顿。

学生提交成绩数目必须与视频成绩一致。

六、奖项设置

1. 以年级组为单位评比奖杯，平均分最高的班级获得本年级“云荟杯”。

2. 每学期连续3次获得“云荟杯”年级成绩总冠军的班级，获得三连冠特别奖杯。

七、注意事项

1. 请各参赛人员着运动服、运动鞋。

2. 近期有各种类型骨折或动手术者，可在成绩统计表后加以备注，成绩不计入本班成绩。

3. 参加比赛队员，需提前进行热身活动，避免受伤。

4. 比赛为视频方式参加，请选择适合的场地进行，并注意场地安全。

5. 请家长或监护人自行评估孩子身体状态，确保安全参赛。

广州市黄埔区东荟花园小学

20××年××月××日

| 附录 4 | 《金绳计划》校本课程优秀实施案例

广州市黄埔区东荟花园小学　李晓宇

为了全面贯彻党的教育方针和习近平总书记关于教育、体育工作的系列论述指示批示精神，以及中共中央办公厅、国务院办公厅《关于全面加强和改进新时代学校体育工作的意见》等文件要求，落实立德树人为根本任务。依据《中共中央国务院关于深化教育教学改革全面提高义务教育质量的意见》，结合学校办学实际，坚持健康第一的教育理念，编制《金绳计划》校本课程，充分发挥体育特色育人功能，帮助学生在体育锻炼中享受乐趣、增强体质、健全人格、锤炼意志，培养德智体美劳全面发展的社会主义建设者和接班人。经过多年的实施与改进，形成本优秀案例。

一、背景分析

《基础教育课程改革纲要（试行）》提出，积极利用和研发校本课程资源是顺利实施课程标准的重要组成部分，因地制宜地开发和利用各种课程资源，可以发挥教育的优势，体现课程的弹性和地方特色。

本课程的编选是国家体育课程教育教学的有益补充，设计与实施的过程中始终本着“健康第一”的指导思想，根据学校的实际情况和学生的认知规律和身心发展特点设计、组织和实施《金绳计划》，用一条小小的跳绳练好学生身体素质与意志品质，充分发挥体育育人的独特功能，促进师生的全面发展，推动学校整体教育教学工作再上新台阶。

（一）选择跳绳运动的三大因素

1. 跳绳运动的高应用性

跳绳运动被誉为完美的健康运动，也是世界第一大普及运动，具有深厚的群众基础。跳绳项目还是羽毛球、乒乓球、拳击、网球、篮球等多项体育运动所不可或缺的辅助练习项目。它可简可繁，易学易练，不受场地和天气的限制，器材成本低且健身效果突出，也是一项非常适合青少年儿童开展的全身性运动，对于提高心肺功能、身体协调性与灵敏性、促进长高以及为今后从事其他体育专项运动都具有较大的意义。

2. 跳绳运动发展趋势

近年来跳绳运动的热度在我国逐渐攀升。国家体育总局以及各省市地区将学生跳绳比赛体系打造得越来越完备，小学生不仅可以参加国内各级赛事，还有机会入选国家队，为国出征，在世界舞台上展现中国少年的风采。国家学生体质健康检测中，跳绳又是唯一一个可以加分的高优指标项目，这些对于跳绳项目的普及与推广都起到非常重要的作用。

3. 学校及社区场地特点

东荟花园小学地处黄埔区核心地段，是一所小区配套学校，学生全部来自万科东荟城小区且人数众多，学校运动场地严重不足，小区内配套的运动场地与运动器材也无法满足近7000户业主的需求。跳绳这项运动不受场地限制，只要有2平方米的平整空地即可开展，而且在家里也可以自主练习，因此成为学校体育特色的首选。这也是促进学校大力推进《金绳计划》校本课程的重要因素。

（二）《金绳计划》课程实施的特色与创新点

1. 特色

在《金绳计划》课程设计与实施过程中，要实行“四结合”，即：校内校外相结合，课上课下相结合，线上线下相结合，跨学科相结合。这样可以拓宽课程广度，丰富课程内容。

落实“十举措”，即：“云荟杯”特色跳绳赛事、体质健康4+1、“云系列”体育训练队、跳绳大课间、开发小课间、探索“合作教学”模式、课外体育作业实施、创新“DHBA”篮球联赛、创建教师体育社团、开展体育节等十项措施，深挖课程深度，进而达到“以体育人，全面发展”的课程实施目标。

2. 创新点

据调查，国内大多数学校开展跳绳校本课程，都是以跳绳运动技能教学、跳绳训练队、跳绳兴趣班、跳绳比赛等活动组成的单一项目的课程设计与实施。《金绳计划》课程在设计和实施过程中打破“项目壁垒”与“学科壁垒”，以跳绳项目为抓手，通过赛事创新、课堂教学模式创新、体育作业实施创新、小课间开发创新、学科融合创新等，发挥体育独有的育人功能，充分落实五育并举，促进师生的全面发展。

（三）未来努力的方向

1. 通过本课程的有效实施，使全校学生体质健康水平优良率达到100%，学生意志品质和心理健康水平得到全面提升，综合素养进一步加强。

2. 立足本校，辐射周边，加强体育教师科研能力培养，促进多学科教师互动、联动，共同提高教育科研与实践水平。

3. 进一步加强“家、校、社”三位一体联动，建立跨学科整体育人体系，助力“双减”政策落地和新课程标准有效实施。

4. 深化《金绳计划》课程研究，逐步完善课程设计与实施方案，优化评价指标，形成课程体系与新课标接轨，在集团校间推广使用，并辐射带动区域校本特色课程开发与实施。

二、案例实施

（一）选取本案例的依据

总书记指出，体育是社会发展和人类进步的重要标志，是综合国力和社会文明程度的重要体现，体育强国梦与中国梦紧密相连，体育承载着国家强盛、民族振兴的梦想，体育强则中国强，国运兴则体育兴。

体育教育是素质教育的重要组成部分，对实现中华民族的伟大复兴有着重要的意义。如何发挥体育教育其独有的育人功能，是每个体育教育工作者要不断思考和实践的。

此外，小学阶段《国家学生体质健康标准》中，跳绳项目是一至六年级的必测项目，且是唯一一项可以加分的指标。在广东省中学体育中考中，跳绳项目也是选考项目之一，具有“指挥棒”效应。《金绳计划》的设计实施也是考虑了以上有利因素，助推跳绳项目发展，形成“全员参与，整体提高，花样创新，水平一流”的跳绳特色学校，引领学校体育工作和整体工作的全面发展，促进师生身体素质和精神品质的全面提升，努力将跳绳特色打造成为学校一张亮丽的名片。

（二）实施过程中出现的问题

东荟花园小学自2013年创办以来，紧跟黄埔教育大发展的步伐，实现了跨越式发展，现有56个教学班，在校师生近2500人。在区委、区政府和区教育局、体育局的关怀与支持下，学校坚持打造幸福教育品牌，大力发展体育特色。以《金绳计划》校本体育课程为引领，践行“以体育人”理念，促进“体教融合”，使得学校体育工作快速发展，进而带动了学校的全面发展，也探索出一条“幸福教育品牌+体育强校特色”的成功办学之路。

学校在发展过程中，也遇到了一些问题，具体如下。

1. 学生体质健康水平不理想

在早期学校开展全校体质健康测试中，发现学生体质健康普遍处于中下水平。少部分学生体质健康达到优秀，个别处于不及格。尤其是在2016年以前，全校学生体质健康水平优良率仅30%，合格率不足85%，肥胖和偏瘦同学较多。

2. 体育精神、拼搏精神亟待强化

少年强则中国强，讲究的不仅是身体素质的强壮，更是精神层面的强大。通过长期坚持跳绳训练，可以磨炼学生认定目标坚持不懈，遇到困难积极寻找办法，碰到对手永不言败，遇到挫折敢于承担的优秀品质。从小培养

孩子的意志品质将影响孩子的一生。

3. 运动习惯和体育技能的欠缺，深度体育特色课程的缺乏

繁重的学习压力围绕着学生，电子产品充斥在学生生活与学习中。大多数孩子除了体育课外，几乎没有多余的时间锻炼身体、培养运动习惯，更难以掌握一项技能。有的学生小学六年学业结束时，甚至都还没有掌握一项运动技能。“学会”可以在体育课上达成，“勤练”和“常赛”大多数学生难以做到。迫切需要找到一个项目，学习过程贯穿学生的小学生涯，为其终身进行体育锻炼奠定坚实的基础。

4. 学校体育文化氛围不强

任何项目的开展，都需要营造良好的发展空间与氛围。所谓营造氛围，首先时间上要有保障，其次政策上要给予支持，最终在日常教学中要给予重视。学校在开展《金绳计划》体育校本课程之前，“教、学、练、赛”一体化模式尚未形成，学校体育文化氛围不强。通过开展《金绳计划》，旗帜鲜明地打造跳绳特色项目，让全校师生参与同一项运动，在体育课和课间都可以快速拿起跳绳进行小比赛，班级之间进行联赛，在竞技中互相帮助与促进，形成良性循环，进而营造良好的体育氛围。

5. 家校交流共育合力不足，缺少焦点

我们常说：家庭是孩子的第一所“学校”，家长是孩子的第一任“老师”。孩子的人生底色是否纯正，第一粒扣子是否系得准确，家庭教育和学校教育都发挥着重要作用。通过《金绳计划》体育校本课程的开展，用一条跳绳作为“纽带”，很好地将家校连在一起，相互补充，相互融合，共同促进孩子健康成长。

6. 线上资源应用和线上教学能力不足

随着时代的发展，互联网已经快速普及。新时代的教师如果不会运用互联网服务教育教学，必将成为一个短板。但很多教育工作者对于互联网时代下的教育教学工作没有太多的思考和行动，尤其是2020年初以来，突如其来的新冠疫情，对教育工作带来了非常大的冲击，让很多教育工作者措手不

及。大家重新审视教育技能拓展，以及应用现代技术和互联网服务教学的重要性，并开启了线上资源应用、线上教学模式的全新探索。

（三）解决问题的措施

针对以上问题，《金绳计划》校本体育课程在设计和实施上，提出了“发展学生综合素质，优先发展身体素质”的教育主张，确定体育学科的核心地位，明确“跳绳项目”为学校重点打造的体育特色项目。学校领导在政策、人力、财力、物力上给予了大力支持，为该课程顺利实施奠定了坚实的基础。

具体实施情况如下。

1. 明确课程目标

（1）完善体育课程体系，形成以跳绳项目为引领，多项运动并举，满足不同学生的体育兴趣爱好和特长发展需求，构建“以点带面，全面开花”的体育工作发展局面。

（2）积极探索体育教学改革，创新体育教学模式，提高课题教学实效与教学水平，充分发挥体育教育特有作用，践行“五育并举”，服务师生全面发展。

（3）形成“家庭、学校、社会”三位一体、全面联动的体育锻炼体系，全方位促进学生运动兴趣的激发、运动技能的发展和运动实践能力的提升，进而形成良好的体育品德。

（4）注重教体结合和跨学科结合，完善训练和竞赛体系。成立并打造“云荟跳绳队”，带动其他校队刻苦训练，为国争光。制订特色运动项目发展和体育后备人才培养计划，让学生熟练掌握一至两项运动技能，逐步形成“一校一品”“一校多品”的教学模式，努力提高体育教学质量。

（5）以《金绳计划》课程为先导，促进全校师生精神品质的提升，逐步铸就“以体育精神、拼搏精神、奥运精神来呈现东荟精神，形成永争第一、永葆第一、勇创第一”的东荟人文化特质，进而带动学校工作的全面发展。

2. 探索“四结合”实施途径

（1）校内校外相结合。积极整合学校、家庭、社会各方优质教育资源，形成合力，服务学生发展。一条小跳绳，在学校与老师同学一起跳，回家与家长邻居一起跳。聘请跳绳专业运动员、教练员来校示范跳，组织开展学生、家长、社区群体参与的多项跳绳活动与比赛，共同促进“让跳绳闪光，让运动荣耀”的课程底蕴。

（2）课上课下相结合。体育课上积极探索“合作教学”模式，提高课堂教学实效。课下开展丰富多彩的体育活动，形成“学会、勤练、常赛”的发展模式，满足学生个性化、多元化的学生体育特长发展需求。科学安排以跳绳项目为主题的体育课、大课间及创新小课间，营造“适时可运动，随处可跳绳”的良好氛围，形成“让运动成为习惯”的校园体育文化。

（3）线上线下相结合。利用线上体质健康管理平台，建立学生跳绳和健康档案，跟进指导学生开展居家体育锻炼，并利用大数据对学生的体质变化情况进行监测、分析、评价，利用抖音、微信视频号等新媒体传播体育精神、运动技能和励志正能量。线下人手一本健康手册，实时记录体育知识、跳绳技能、其他运动技能要领与坚持锻炼情况，老师定期检查、评价、总结，并反馈激励。

（4）跨学科相结合

教育是整体发生的，体育也非独立存在，应积极尝试跳绳项目与各学科之间的有机融合。美术课上学生画出最美的跳绳姿态以提高审美能力，综合实践课上同学们“穿绳珠、打绳结”积累劳动本领，语文课上讲述一段“难忘的跳绳趣事”以提升表达能力，通过一系列的学科结合融合活动，积极践行跨学科交流学习，提升学生的综合素养。

3. 落实“十举措”具体实施方案

（1）创新跳绳赛事，全面增强学生体质

学校实施《金绳计划》校本课程，创编“花样跳绳”校本教材，用一条小小的跳绳，练好学生的身体素质。每月举行全校学生“云荟杯”1分钟跳绳比赛，以班级平均成绩为依据，颁发流动奖杯，增强班级凝聚力，激发学生的体育锻炼激情。组建学校“云荟跳绳队”，常年坚持训练，取得了卓越成绩。编写《跳绳校本教材》大力普及推广，带动了学校体育工作快速发展和学生体质健康水平全面提升。

（2）实行“合作教学”，探索体育高效课堂

学校按照国家标准，开足开齐开好体育课。每周一节跳绳课，创新采用一至三年级小班化教学，四至六年级大班合作教学，总结提炼出“1主+N辅式、营地式、梯队式、平行式、混合式”等多种合作教学模式，充分发挥体育教师特长优势，满足学生不同的运动项目需求，保障课堂效果优质高效。

（3）创新“多元课间”，统筹开展体育锻炼

创编跳绳为特色的多元化体育大课间活动，融入国学、军姿、韵律操、体能操、手语操、跑操、放松操等多元素，全员参与，提高师生体育锻炼兴趣和效果。科学开展课间十分钟活动，从学生体质健康数据出发，制订科学的训练计划和提升目标，合理设置课间教室内训练内容和训练强度。大力培养班级体育骨干，建立帮扶机制，有效推进“师徒结对”体育训练，提高学生锻炼意识，营造良好的合作竞争氛围。

（4）创办东荟青少年体育俱乐部，满足学生多样运动需求

2017年创办东荟青少年体育俱乐部，引进校外优质体育教育资源，确定多层次、多维度的活动目标，充分挖掘学生的潜能，满足学生不同层次的体育需要，提高学习的积极性，使学生变“要我练”为“我要练”，更加自觉主动地参加体育锻炼，最大化地提高了锻炼的效果。

（5）以云荟跳绳队为蓝本，成立云系体育校队

学校始终坚持“高标准、高质量、高水平”打造学校体育特色训练队，为国家培养体育后备人才。学校体育教师人人带校队，队队创佳绩，继云荟跳绳队之后，学校成立了云萃啦啦操队、云跃田径队、云扬羽毛球队、云铮篮球队、云希健美操队、云骁匹克球队等多个特色训练队，参训人数超过

900人。校队积极参加各级赛事，取得优异成绩。其中跳绳队、田径队被认定为广州市高水平体育训练团队。各训练队队员在体育运动中磨炼了意志，个个都有“不服输”的劲头，他们文化课也同样优秀，真正做到了品学兼优。

（6）推行“4+1”方案，建立体测长效机制

学校制订“4+1”体质健康检测方案（4个测试、1个科普），即每学期初、末各进行体质健康全员检测，每学期一次视力测试，学期中进行体质健康抽测和一次口腔科普知识讲座，根据学校体质健康情况，科学制订学生的体育家庭作业，保证学生每天运动一小时，养成运动的良好习惯。

（7）创建“云端平台”，实现体育家校联动

学校通过线上管理平台，实现全学科作业管理，方便开展线上交流和居家体育锻炼指引，增强家校互动，带动家庭和社区开展体育运动，做到线上有布置，有指引，线下有检查，有反馈。

（8）创新“DHBA”，着力打造校球联赛

学校2018年确定篮球为学校校球，并加快普及推广。通过学校搭台、家长参与、社会支持的方式，创新开展DHBA校内篮球特色赛事。学校DHBA联盟现有30支篮球队，各支队伍家长做教练。平时每天利用课余时间举行篮球训练，周末学校组织举办DHBA比赛的模式，培养学生的篮球技能和实战经验，同时也让家长参与活动之中，创造独具特色的校球赛训模式和家校共育模式。

（9）创设“教师社团”，提高教师幸福指数

学校工会联合体育组积极创造条件，开设若干体育活动社团，倡导教师每天活动一小时，健康幸福一辈子。践行健康、工作、生活一体化理念。

（10）弘扬体育精神，打造特色体育文化

建校9年来，学校每年11月份举办为期一个月的校园体育节，学生、老师、家长齐参与。通过大型开幕式表演及竞争激烈的系列体育赛事，大力弘扬体育精神，形成独特的体育文化。每年12月底，定期举行“体育年度颁奖典礼”，鼓励先进，表彰优秀，让运动荣耀，让童年闪光。

三、课程实施，成果斐然

（一）“云荟跳绳队”享誉国内外

2016和2017年，连续两年参加全国跳绳联赛，荣获金牌100余枚。

2016年，学校荣获广州市教育局“广州市跳绳传统项目学校”称号。

2017年，荣获国家体育总局“跳绳强心示范单位”称号。

2018年7月，东荟花园小学云荟跳绳队最终有18名运动员入选中国跳绳国家队，并于2018年7月1日至10日，随国家体育总局远赴美国奥兰多参加2018跳绳世界杯赛，共获得23个单项冠军，所获金牌数量占中国跳绳队金牌总数的四成（中国队共收获58枚金牌）。

2019年，第二次代表国家出征跳绳世界杯赛。东荟花园小学跳绳队队员和教练员在郭云海校长带领下，牢记为国争光的神圣使命，赛场上顽强拼搏，再创佳绩，共获得17个单项冠军（中国队共获得金牌58枚），打破3项赛会纪录，5项闯进无年龄限制组总决赛。特别值得一提的是，2019跳绳世界杯DDC 30秒交互绳速度132，打破了世界纪录，并获得了该项目各年龄段的总冠军。

2019年12月，再次蝉联广州市中小学生跳绳比赛团体总分冠军，连续两年登顶冠军宝座。

2020年，参加广东省中小学跳绳锦标赛，获得团体总分第一名。同年参加全国跳绳总决赛，获得20枚金牌。

2021年，参加广东省中小学跳绳锦标赛，卫冕团体总分第一名。

学校云荟跳绳队的队员们不仅绳技出色，而且学习成绩优异，文明有礼，品德高尚，素质全面。他们曾登录广东少儿频道、广州卫视、黑龙江卫视、中央3套《星光大道》，得到《人民日报》、新华社、共青团中央等权威媒体宣传，受到社会各界的关注和赞扬。牢记为国争光的神圣使命，赛场上顽强拼搏，不断创造佳绩。

（二）带动学校体育社团蓬勃发展

学校《金绳计划》校本课程的有效实施，带动了体育工作的蓬勃发展。

学校先后成立了啦啦操、田径、篮球、武术、地壶球、羽毛球、网球、游泳、匹克球、健美操等多支体育校队。参训学生闻鸡起舞，常年坚持训练，征战各大赛场，取得无数亮眼的成绩。

其中，学校啦啦操队连年雄霸全国啦啦操赛场，斩获全国赛冠军奖杯23座。2018—2020年夺得黄埔区啦啦操比赛“三冠王”。2020年夺得广东省啦啦操锦标赛4项冠军。2019年参加全国啦啦操联赛（海口站），所报8个项目全部获得冠军。首次获得全国赛大满贯。

学校地壶球队勇夺亚太地区总冠军。

学校田径队2018、2019、2020、2021蝉联黄埔区小学生田径运动会团体总冠军。

学校网球队队员荣获广州市单、双打冠军。

游泳队9岁女孩周奕涵创造了横渡琼州海峡的壮举，在国际上引起轰动，展现了“新时代”中国少年的勇气与毅力。

（三）促进全校学生体质健康水平快速提升

《金绳计划》校本课程实施以来，学生体质健康稳步提升。

2019年学生体质健康抽测创优良率78.9%，全省第一。

2020、2021年学校在广州市学生体质健康抽测中，学生优秀率达80%以上，优良率达90%以上，合格率达100%。

（四）科研成果丰硕

1. 课题研究

“十二五”规划课题《跳绳项目对小学生身体素质影响的研究》，区级，主持人：李晓宇，结题时间：2014年12月15日。

广东省教育学会小课题《跳绳项目在小学体育教学中的推广与应用》，省级，主持人：李晓宇，结题时间：2019年12月。

2. 论文发表

2021年1月，《以“绳”促智，以体养德》发表于《新课程导学》，作者：李晓宇

2020年12月15日，《绳在手里是冠军，笔在手里是学霸》东荟花园小学跳绳队育人案例获广东省二等奖，作者：李晓宇

2020年5月，《学生体质健康问题与新影响因素的研究》发表于《基础教育论坛》，作者：李晓宇

2020年4月，《新时代体育教师如何践行立德树人》发表于《中学课程辅导》，作者：李晓宇

2017年4月，《对提高短时单摇跳绳速度方法的研究》发表于《新课程》，作者：李晓宇

3. 著作

《核心素养导向的课程设计》，华东大学出版社

《花式跳绳》校本教材，应用于东荟花园小学跳绳校本课程

4. 学校发展促进方面

在《金绳计划》校本课程的引领下，我校积极践行“以体育人，全面发展”教育思想，以体育精神、拼搏精神、奥运精神来铸就东荟精神，形成了永争第一、永创第一、永葆第一的先进文化。

学校在开办短短9年间，在体育方面先后获得“国家跳绳强心示范单位”“全国啦啦操星际俱乐部”“国际田联少儿趣味田径实验学校”“全国网球推广实验学校”“广州市健康学校”“广州市跳绳传统项目学校”“广州市高水平体育团队”“全国品质课程实验学校”“广东省十佳好学校”“广东省少先队先进学校”“广东省安全文明校园”“广州市书香校园”“广州市体育高水平特色学校”“广州市科技教育特色项目学校”“广州市首家匹克球实训小学”等多项荣誉，形成了鲜明的体育特色品牌。

学校用一条小跳绳，牵动学校体教融合发展大未来，探索出一条“幸福教育品牌+体育强校特色”的成功办学之路。我校以跳绳特色项目为突破口，践行以体育人、体教融合，真正实现了学生全面发展。他们体质不断增强，阳光向上，充满朝气，动力十足。近几年，参加科技、艺术等方面赛事也获得国家级大奖。学生们不仅体育、美术、音乐、科学、综合实践等学科

素养强，文化课成绩同样优异。小学毕业生学业综合评价始终名列全区榜首，在每学期的全区教学质量监控中，各科成绩均处领先地位，成为百姓心中的网红学校、优质品牌学校。

（五）课程实施过程中的创新点

1. 课程内容上的创新

《金绳计划》校本课程在设计和实施过程中，以跳绳项目为主导，内容包含完善体育课程、探索课堂教学改革、建立课外锻炼机制和模式、践行教体结合与跨学科集合、完善训练和竞赛体系、研究制订运动项目教学指南等六大部分，努力提高学校体育教学质量和体育工作整体水平。

2. 体育课堂教学模式创新

在四至六年级的体育课堂上，探索“合作教学”模式，总结提炼出“1主+N辅式、营地式、梯队式、平行式、混合式”等多种合作形式，充分发挥体育教师特长优势，满足学生不同的运动项目需求，保障课堂效果优质高效，取得较好成效。

3. 特育训练队组建及评价机制

以学校首支体育训练队“云荟跳绳队”为例，队名中的“云”字取自校长名字中的一个字，“荟”字取自校名中的一个字，提高校领导对体育训练队的重视。同时，号召全体队员“闻鸡起舞，奋发有为，坚持训练，为国争光”，实行多元评价机制，将运动技能、健康行为、体育品德、文化成绩、文明礼仪等进行综合评价，培养品、学、技三优少年。以跳绳队组建为模板，先后成立“云萃啦啦操队”“云跃田径队”“云扬羽毛球队”等一系列体育校队，均取得优异成绩。

4. 体育比赛活动设计上的创新

创新开展“云荟杯”1分钟班级平均数跳绳比赛，以班级为单位，全员参与，每月一赛，颁发流动奖杯，提高参与度和学生集体荣誉感。创新开展DHBA篮球联赛，学校搭平台，家长做教练和球队经纪人，自由组队，学校设置“春、夏、秋、冬”四季联赛，融合“家、校、社”各方资源，利用周末和寒暑假，组织开展比赛，服务学生健康发展，带动家庭和社区体育文化的形成。

5. 创新开展“体育小课间”

以跳绳运动为抓手，以全国学生体质健康监测指标为指引，利用课间十分钟，因地制宜，组织全校开展“体育小课间”活动，班级内部形成了“师徒结对”，优伴互助，整体提升的体育运动氛围。学校讲台旁练习仰卧起坐，教师身边练习体前屈，讲台上用简易肺活机测试肺活量，走廊上练习摇无绳球跳绳，使得平时无序的课间十分钟变成了学生运动和主动发展的运动场，受到全校师生和家长的一致认可与好评。

四、案例总结

（一）资源开发

学校《金绳计划》校本课程在多年的实施过程中，在学校领导的大力支持下，在全校师生的共同参与和打造下，形成了以下课程资源。

（1）“云荟杯”班级跳绳平均数比赛方案。

（2）《体育自律打卡手册》。

（3）《花样跳绳》校本教材。

（4）DHBA校球联赛方案。

（5）体育与健康“合作教学”模式。

（6）体育小课间10分钟锻炼方案。

（7）体育健康线上平台“云易”小程序。

（8）“4+1”学生体质健康监测方案。

（9）抖音号“云荟跳绳队”粉丝数量11.4万。

（二）实施未解决的问题与不足

自学校开展跳绳特色项目以来，虽然取得了一些显著的成绩，但也存在以下不足，值得深入反思与改进。

（1）在《金绳计划》校本课程实施过程中，实践性活动开展的比重较大，理论层面和经验的总结与分析有所欠缺。今后项目团队将把理论与实践研究相结合，相促进，不断提炼出更多更好的发展策略，为其他学校普及与推广该项目提供可行依据。

（2）在跨学科融合方面，还需要不断创新和探索，形成先进高效的跨学科融合机制，更好地发挥该课程的育人作用。

（3）对外交流的深度和广度不够，需要加强交流与合作，集百家所长，多与国内外其他在跳绳特色项目上开展好的学校开展交流与互动，取长补短，相互促进，为课程的发展再添新的动力。

（三）案例评价

1. 评价的目的和原则

（1）评价目的

本课程评价的目的是为了考查学生学习目标的达到程度和教师的教学水平，帮助教师改进教学，保证课程目标的实现，使评价成为促进教师教学和学生安全素养与能力提高的有效手段。

（2）评价的原则

（a）参与性。注重学生亲身参与和学生全员参与，强调课程计划规定的课时活动量参与情况和参与态度的考核，同时重视学生自我评价并自觉参与评价。

（b）过程性。特别关注学生参与活动的过程和实践体验，重视对过程的评价和在过程中的评价，并且把对学生的评价与对学生的指导紧密结合起来。

（c）综合性。评价的内容、要求、过程和结论都应是综合而全面的。

（d）激励性。鼓励学生发挥自己的个性特长，施展自己的才能，激励学生积极进取，勤于实践，勇于创新，不断促进学力的发展。

2. 评价的内容

通常应涉及以下几方面内容。

（1）参与活动的课时量与态度。

（2）在活动中所获得的体验情况。

（3）知识、方法、技能掌握情况。

（4）创新精神和实践能力的发展情况。

（5）活动的收获与成果。

3. 评价方法

（1）对教师开发的课程方案的评价

教师的课程方案内容包括：校本课大纲、教学计划、教材、教案。

（2）对教师校本课程教学的评价

对教师的教学评价，应采用多元、开放的评价方式，强调教师对自己教学工作的分析与反思。要关注教师是否采取灵活多样的教学方式，是否注意保护学生的学习积极性和激发学生安全健康成长的愿望，是否完成教学任务、实现课程目标。

为了全面、客观地评价教师的教学，要与其他课程的评价改革制度和方法结合起来，建立以教师自我评价为主，学生、同事、学校领导、家长共同参与的教师评价制度。

（3）对学生的评价

评价方式体现多样化，要将以下几个方面的评价方式结合起来。

（a）“档案袋评价”。要求活动小组建立活动档案袋，里面包括活动计划、活动记录、调查表、出勤登记表、实验记录表或调查记录表、原始数据、学习体会、日记等与活动有关的文字、图片、音像资料，作为小组成绩评价的主要依据。

（b）日常观察即时评价。要贯穿于活动的整个过程。一方面可以随时随地激励学生，调节课程的实施。另一方面日常观察能有效提高评价的准确度和有效率。

（c）成果展示。包括小论文、调查报告、研究笔记、表演、模型、设计方案等学校定期举办学习成果展示评价活动，举办手工制作、模型设计作品展示评比活动。

（d）项目评价与阶段综合评价。在每个活动项目结束后，组织学生进行评价，促使学生在活动之后能及时进行总结和反思，指导后继的活动，并为每学期的阶段性综合评价提供依据。阶段评价作为学生每学期课程成绩的主要依据。

（4）对学生评价的主要部分

（a）学生上课出勤率评价。该项目占学业总成绩的20%。

（b）课业完成情况评价。占学业总成绩的40%。包括平时上课听讲、学习的态度、作业的完成情况。

（c）课程结业成绩。占学业总成绩的40%。

学生校本课程学业总成绩综合以上内容，采取等级制或学分制。

（四）案例推广

《金绳计划》校本课程案例具有广泛的适用性，一是器材成本低廉；二是场地要求不高；三是跳绳运动群众基础好参与人口多，健身效果好，项目发展生命力旺盛；四是组织形式多样，操作简单，课程和活动设计新颖，趣味性和实用性强，深受广大师生喜爱。

此外，《金绳计划》校本课程设计和实施过程中，不断优化理念与目标，符合当下教育发展趋势，努力与国家出台的“双减政策”、新课标“对标、对表”。对于深入贯彻习近平总书记所提出的“要坚持以增强人民体质、提高全民族身体素质和生活质量为目标，增强广大人民群众特别是青少年体育健身意识，加快建设体育强国步伐”和中共中央、国务院《关于全面加强和改进新时代学校体育工作的意见》等文件要求，落实立德树人为根本任务具有借鉴意义和价值。

附录 5 跳绳动作名称一览表

竞速跳绳

序	名称	序	名称
1	30秒单摇跳1脚步	8	10人长绳“8”字跳4弱侧进绳
2	30秒单摇跳2摇绳	9	10人长绳“8”字跳5摇绳
3	30秒单摇跳3完整动作	10	1分钟10人长绳集体跳
4	双摇跳入门	11	交互绳1示范
5	10人长绳“8”字跳1跑动路线	12	交互绳2摇绳
6	10人长绳“8”字跳2过绳时机	13	交互绳3进出
7	10人长绳“8”字跳3三一致	14	交互绳4摇跳转换

花式跳绳一级

序	名称	序	名称
1	左右甩绳	8	交叉跳
2	并脚跳	9	双手俯卧撑跳
3	开合跳	10	燕式平衡
4	双脚交换跳	11	勾脚缠绕
5	弓步跳	12	钓鱼接绳
6	滑雪跳	13	一带一同步跳
7	勾脚点地跳	14	长绳进出跳

花式跳绳二级

序	名称	序	名称
1	弹踢跳	8	前后摇转换跳
2	吸腿跳	9	箭步跳
3	钟摆跳	10	前滚翻跳
4	踏步跳	11	手臂缠绕
5	交叉步跳	12	交叉单手放绳
6	侧甩前摇跳	13	双人并排跳
7	后交叉跳	14	长绳“∞”字跳

花式跳绳三级

序	名称	序	名称
1	异侧胯下直摇跳	8	侧甩交叉跳
2	异侧胯下交叉跳	9	半蹲跳
3	前后空打	10	双手侧手翻
4	敬礼跳	11	肩部缠绕
5	同侧胯下交叉跳	12	侧打放绳
6	同侧胯下直摇跳	13	双人风车跳
7	双摇跳	14	三角形长绳跳

花式跳绳四级

序	名称	序	名称
1	单摇龙花跳	8	同侧胯下前后交叉
2	胯下膝后直摇跳	9	单手俯卧撑跳
3	交叉双摇	10	单手侧手翻
4	双手单腿胯下交叉跳	11	敬礼背后缠绕
5	异侧胯下前后交叉	12	胯下跳放绳
6	360° 转体单摇跳	13	双人连锁跳
7	侧打双摇	14	十字绳跳

花式跳绳五级

序	名称	序	名称
1	背后交叉跳	8	分腿膝下交叉跳
2	固定交叉双摇跳	9	前撑
3	膝后前后交叉跳	10	毽子跳
4	颈后前后交叉跳	11	胯下缠绕
5	颈后胯下异侧交叉跳	12	双手抛接绳
6	前后交叉双摇跳	13	双人车轮跳
7	膝后交叉跳	14	彩虹绳

花式跳绳六级

序	名称	序	名称
1	背后膝下交叉跳	8	俯卧撑跳
2	360° 转体跳	9	扑食跳
3	交替交叉双摇跳	10	鲤鱼打挺
4	三摇跳	11	放绳背挂缠绕
5	侧打固定交叉双摇跳	12	侧抛旋转放绳
6	胯下交换交叉跳	13	双人单双摇跳
7	坐姿跳	14	交互绳